# 촛불을 그리다

이금미 수필집

# 촛불을 그리다

인쇄 2021년 10월 27일
발행 2021년 10월 30일

지은이 이금미
발행인 서정환
펴낸곳 수필과비평사
주소 전북 전주시 완산구 공북1길 16(태평동 251-30)
전화 (063) 275-4000 · 0484
팩스 (063) 274-3131
이메일 sina321@hanmail.net essay321@hanmail.net
출판등록 제300-2013-133호
인쇄 · 제본 신아출판사



ISBN 979-11-5933-371-2 03810

값 13,000원

Printed in KOREA

이 책은 제주특별자치도 문예진흥기금 일부를 지원 받았습니다

# 촛불을 그리다

이금미 수필집

수필과비평사

## | 작가의 말 |

이 세상에 태어난 지 60년이 되었습니다. 내 삶의 절반은 공부하는 시간으로 보내겠다고 삼십 대 때부터 다짐하곤 했습니다. 새로운 앎에 대한 열정은 삼십 년이 지난 지금도 사그라지지 않아 여전히 공부하는 데 많은 시간을 할애하고 있습니다.

올해는 28년 동안 근무하던 직장에서 정년을 맞이하게 되었습니다. 뒤돌아보니 지금의 나를 있게 해주신 많은 분이 있습니다. 그분들이 있었기에 지금의 내가 있습니다. 그중에서도 올해로 연세가 100세 되신 시어머님이 계십니다. 36년 전에 어머님을 처음 만났습니다. 며느리가 하는 모든 것을 당신의 일처럼 관심을 두고 사랑해주신 어머님이십니다. 어머님의 깊은 사랑이 있었기에 늘 새로운 도전을 하면서 곤이지지困而知之의 기쁨을 얻었습니다. 그리고 늘 곁에서 묵묵히 지켜봐 주시고 어려운 일이 있을 때마다 도움을 주신 남편과 아들 딸이 있었기에 글쓰기에 전념할 수 있었습니다.

수필을 시작한 지 어느덧 16년이 되었습니다. 그동안 여러 지면에 발표한 작품들을 모아 첫 번째 수필집을 발간합니다. 부족한 글이라 부끄럽기 그지없지만, 그동안 저에게 베풀어주신 여러분의 은혜와 사랑에 보답하는 글이 되었으면 합니다.

1부 '인생의 스승', 2부 '촛불을 그리다', 3부 '내 마음은 봄', 4부 '기적을 가져다준 남천', 5부 '추억의 돌담'으로 작품을 엮어 보았습니다. 제목을 '촛불을 그리다'로 한 것은 평소 내 삶에 관계되는 사람, 사물, 자연, 환경 등 주위의 모든 것에 감사하면서 그 마음을 촛불로 담아내고자 하는 뜻입니다.

그동안 나의 삶에서 사유하고 사색했던 시간의 흔적을 책으로 발간하게 되니 뒤늦게 새로운 자식 하나를 잉태하는 마음으로 가슴이 설렙니다. 책 발간을 위해 도움을 주신 모든 분께 깊은 감사를 드립니다.

2021년 익어가는 가을에

이 금 미

| 차례 |

## 1부 인생의 스승

## 2부 촛불을 그리다

## 3부 내 마음은 봄

## 4부 기적을 가져다준 남천

## 5부 추억의 돌담

# 1부

# 인생의 스승

# 시어머님의 성정

바람이 따뜻하다. 조카 결혼식이 있어 모슬포에 다녀왔다. 계절이 봄인지라 주위에는 벚꽃이 활짝 피어 축제가 한창이고 연인들끼리 사진을 찍는 모습이 아름답다. 웨딩드레스를 입은 신랑 · 신부의 모습도 벚꽃이 아름다움 못지않게 눈부시게 빛이 난다.

오랜만에 딸아이와 동행이라 많은 얘기를 나눌 수가 있었다. 딸에 대한 소망은 사물을 보았을 때 자유롭게 표현 할 수 있는 감성이 풍부한 성인으로 성장하길 바라는 마음이다.

어느덧 예식장에 도착했다. 형제들이 모인 자리라 그동안 못다 한 얘기도 많이 나눴다. 그 자리에는 시어머님도 오셨다. 오늘따라 유난히도 허리가 굽어보이는 것은 웬일일까. 작은 체구이지만 언제나 정갈한 모습, 부지런한 몸놀림은 어머님의 생활인듯싶고 그 모습에 많은 것을 배우게 된다. 결혼 생활 25년 동안 내가 보아온 어머님은 한결같으시다. 자식이 여럿이 되어 속상할 때도 있었겠지만 큰소리치는 모습을 본 일이 없다.

결혼한 여성 중에는 고부간에 갈등으로 고민을 하는 주부들도 많이 보아왔다. 시어머님은 신혼 때부터 불편함이 없었다. 시어머님이라기보다는 친정어머니 같고 인생의 대 선배님 같기도 하였다. 아무것도 모르는 나를 며느리로 맞으시고도 꾸중 한 번 하지 않고 내가 살아가는 모습에 늘 고맙다고만 하셨다. 내가 하는 일은 모두 좋아하시고 칭찬을 아끼지 않으시는 어머님, 가정에 경조사가 있을 때는 아이들을 데리고 시댁에 가는 길이 힘들까 봐 매번 데리러 오곤 하셨다. 14개월 터울로 아이가 둘이 되었다. 아이가 조금이라도 아프다 하면 모든 일을 뒤로하고 달려오신다. 쌍둥이 같은 아이들을 키우면서 가끔 외출이라도 할 때면 끼니 거르지 말고 꼭 챙기라는 따뜻한 마음마저 아끼지 않으셨다.

아이들이 보고 싶어 우리 집에 오시면 머리를 맞대고 많은 얘기를 나누었다. 어머님이 살아온 길을 소설처럼 들려주신다. 시댁에 일이 있을 때는 항상 시어머님 곁에서 잠을 잤고 시어머님의 옷으로 갈아입어 집안일을 한다. 스스럼없이 당신의 옷을 갈아입는 며느리 모습을 보면서 참 좋아하셨다. 그러면서 어머님과 며느리 사이는 격차가 없이 하나가 되고 어머님은 내가 하는 일마다 후원자가 되었다. 그 모습을 보고 자라는 아이들은 할머니를 유난히도 좋아했다. 연세가 있어서 노인 특유의 체취가 있어도 아이들은 지금도 늘 할머니와 함께하기를 좋아한다.

결혼 생활 중에 시댁에서 살았던 시간은 이사문제로 집이 완성되지 않았던 6개월 동안이다. 이사 철이 겨울이라 그런지 매번 이사할 때마다 눈이 내린다. 나는 식물 키우는 것을 좋아해서 내가 사는 집은 식물원 같은 착각이 들 정도로 많은 화초를 키웠다. 시댁에 들어가 살게 되면서 화초들을 시댁의 과수원 창고로 옮겨야만 했다. 따뜻한 아파트에서 온실처럼 자라다가 창고로 옮기면서 기온 차이로 하나씩 시들어가기 시작하는 것이다. 나는 매일같이 창고로 가서 식물들을 관찰하고 나름대로 따뜻하게 해 주었지만, 그것으로는 역부족이었는지 잎은 시들어가고 줄기들은 동상에 걸린 듯 물렁거리는 것도 있었다.

어느 날은 시어머님이 주무시는 안방을 가 보았는데 아픈 화분들을 안방으로 대부분 옮겨 놓았고 부엌이며 마루, 분이 놓일 만한 공간에는 다 옮겨 놓았다. 말씀은 하지 않으셨지만, 어머님도 마음이 몹시 아프셨던 모양이다. 뜻밖의 일이라 어머님께 여쭤보았다. 하시는 말씀이 "며느리가 좋아하는 화초들이 다 죽어가서 마음이 아프다"라고 하셨다. 안방으로 옮기면 꽃을 조금이라도 보존할까 그랬다며 속마음을 털어놓으신다.

며느리가 여럿인 시어머님은 늘 가정의 화목을 먼저 생각하셨다. 화목한 가정의 길은 어머님이 어떻게 하느냐에 따라 달라진다는 것을 알기에 의논할 일이 생기면 딸이 먼저가 아니라 며느리가 우선되어야 한다는 아주 현명한 어머님이시다.

어머님은 옛날 어르신이라 배움의 기회가 부족한 시대였다. 6개월 동안 같이 지내면서 한글공부를 할 수 있게 해드리고 싶었는데 상황이 여의치 못해서 접어야만 했다. 그때는 나 자신도 많이 부족했고 어린 마음에 주위를 살피며 조심스럽기도 하였다. 결혼 생활을 하면서 시어머님께 아쉬운 점이 있다면 고부간의 편지를 주고받지 못한 일이 가슴 한쪽에 늘 아쉬움으로 남는다. 편지를 주고받았으면 어머님도 며느리 사랑을 느꼈을 터이고 며느리 또한 어머님의 더 많은 사랑을 듬뿍 받았을 터인데 그러면 며느리를 얻은 행복에 어머님 또한 행복한 삶이 되었을 터인데, 왠지 오늘은 시어머님의 허리 굽은 모습이 눈에서 떠나지를 않아 마음이 짠하다. (2011)

# 인생의 스승

얼마 전 어머니는 대학병원에 입원 하였다가 퇴원을 하였다.

요즘 어머니의 모습에서 세월이 참 많이 흘렀다는 것을 누가 말하지 않아도 알 수가 있다. 어린아이 속살처럼 고왔던 얼굴에는 오랜 세월의 흔적이 꽃으로 피어나고 미수米壽를 바라보는 지금의 어머니를 보면서 많은 생각을 한다. 나를 이 세상에 있게 해 주신 어머니를 위해 무엇을 해드렸을까. 아기가 태어나면 부모님이 노심초사 걱정하며 보살피는 심정을 헤아려 본다. 내가 어렸을 적에 받았던 사랑, 감동, 평화, 안정 등을 보답해야 한다는 생각을 어머니를 보면서 깨달았다. 내가 태어났을 때 아기를 보며 부모님은 기쁨이고 희망이 되었을 터인데 요즘 어머니를 바라보는 마음은 아픔이다. 왜소해진 모습만 바라보아도 가슴이 먹먹해진다. 어머니의 모든 양분을 받아먹고 자란 내 모습을 보며 유년의 시절로 잠시 떠나본다.

나의 어린 시절의 어머니 모습은 어린아이 살결같이 고운 피부와 부드러운 음성으로 다정하게 웃으시며 도닥여주시는 모습이었다. 사소한 일에도 칭찬을 아끼시지 않으셨다. 지금의 나는 지천명이 지났는데 어린 시절 어머니께 받았던 많은 것에 비교하면서 얼마나 돌려드렸나 하는 생각이 문득 스친다.

한 가정의 아내로 아이들의 어머니로 직장인으로 묻혀 살다 보니 어머니가 노인이라는 사실을 잠시 잊은 적도 있다. 그러다가 문득 어머니를 떠올리면 모든 것을 덮어놓고 달려간다. 고향 근처에만 가도 어머니 냄새가 폴폴 풍기는 것만 같아서 마음이 안온하다. 어머니와 마주하면 지금까지 잘 못 했다고 생각했던 모든 것이 전부 용서가 되고 내 앞에 앉아계신 것만으로도 너무나 감사 하다. 누군가의 손길이 필요할 때 어머니를 돌봐 드리는 것은 효도라 생각하지 않는다. 인간으로 태어나서 조금이라도 사람으로 해야 할 도리를 하며 인생의 과정에서 후회 없게 하기 위함인지도 모른다는 생각이다. 사람이 도리를 하고 산다는 것은 참으로 어려운 일이다.

지금쯤 어머니는 무엇을 하고 계실까. 빈집에 홀로 계실까. 이웃집에 나들이라도 가셨을까. 빈 종이에 자와 연필을 이용하여 바둑판처럼 칸을 만들고 글자 공부를 하고 계실까. 바람이 쌀쌀한 겨울 마당을 지나 지팡이를 짚고 뒷밭에 올라가서 과수원을 보고 계실까. 흐르는 구름과 바람, 하늘을 나는 새들을 보면서 사연을 만들고 계실까. 아님, 마당 한쪽에 늦가을에 피어있는 보라색 국화를 바라보며 외로움을 달래고 계실까.

어머니는 이 세상 어떠한 스승보다도 훌륭한 인생의 스승이다. 어머니의 배를 빌어 이 세상에 태어나서 세상의 빛을 보게 되고 어머니를 "어머니"라고 원 없이 부를 수 있어서 이 세상에 아무것도 부러울 것이 없다. 더 오래 함께할 수 없을 것만 같은 요즘 마음이 조급해진다. 어머니는 평생 젊으시고 늘 곁에만 계실 줄 알았는데 세월을 거역할 수 없어 노인이 되어 버린 어머니를 생각하면 가슴이 짠하다. 어머니께 받은 따스한 체온처럼 세상 사람들에게 따뜻함을 나누고, 어머니가 주신 사랑을 마음에 품고 더 큰 사랑을 만들어 세상 사람들에게 나누리라. 어머니! 하고 부르면 눈 쌓인 이 겨울 허허로운 마음에 체온이 저절로 올라가는 듯하다. 어머니가 노인이 되고 그로 인해 아픔이 찾아와서 어머니를 더 가까이에서 돌보게 되어도 그것은 함께할 수 있음에 행복이다. 어머니의 아픔을 돌봐 드리는 것도 내 인생의 한 과정이다. 마음의 그릇을 키우고 그 그릇에 담을 소중한 것들을 스스로 체득하며 조금 더 원숙된 어른이 되는 길이라 생각한다.

이러한 모습을 보며 나를 보고 "어머니"라 부르는 한 아이가, 촉촉한 눈빛과 나지막한 소리로 "엄마"라고 하면서 작은 손으로 살며시 내 손을 감싸준다. 어린애인 줄만 알았던 그 아이가…….

그 아이에게 늘 깨달음을 줄 수 있는 거울이 되고 싶은 마음이 깃드는 겨울 아침이다. (2012)

# 감사하는 마음

2013년 계사년 새 아침이다. 남편과 아들 · 딸 모두 네 식구가 자동차를 타고 시댁으로 달리고 있었다. 식품회사에 몸담은 터라 명절 때마다 몸도 마음도 분주하다. 양력으로 새해 인사를 하였지만, 구정 명절이 되고 보니 새해가 밝았다는 것이 실감이 난다. 우리 가족 중에 가장 생활이 바쁘게 움직이는 사람이 엄마라고 한다. 그래서 가족들 도움을 많이 받고 있다.

밖에서 바쁘게 움직이다가 귀가하면 나를 이해해 주고 응원해주는 가족들이 있어서 편안하게 일을 할 수 있다. 일에 몰두하면 아무런 구애도 받지 않고 거침없이 한다. 휴일에는 거실에서 차를 마시고 있노라면 벽에 걸려있는 그림과 서예작품들이 나의 시선을 끌어당긴다. 매일 보아도 또 보고 싶은 작품들은 내 마음을 힐링의 시간으로 빠져들게 한다. 비용을 들이면서 어디론가 떠나는 것만이 휴식이 아니기에 늘 가족들과 함께 하는 공간, 가정이 바로 나의 마음을 쉬게 하는 공간이다.

언제든지 마실 수 있는 다양한 차와 좋은 그림과 글씨가 실려 있는 많은 도록(작품집) 들이 있다. 글을 쓰고 싶으면 글을 쓰고 서예를 하고 싶으면 언제든지 먹을 갈아 묵향에 빠질 수 있는 공간이 마련되어 이 모두가 힐링의 공간이 되기도 한다.

결혼 후 두 아이의 엄마가 되고 작은아이 일곱 살 되는 가을부터 직장을 다녔다. 그 애가 스물여섯 살의 어엿한 직장인이 되어서 이제는 모든 식구가 직장생활을 하고 있다. 아직 직장생활 2년 차인 아들과 딸은 엄마인 나에게 많은 것을 질문하고 다양한 답을 함께 찾아서 서로 나눈다. 20대의 자녀와 50대의 엄마이지만 소통의 공간은 다양하다. 아이들의 입사 직전 면접예절, 출퇴근할 때의 선배와 상사에 대한 인사예절을 알려주기도 하였다. 지금은 세대를 뛰어넘어 같은 세대에 동등하게 직장생활을 하고 있다.

전업주부가 아닌 직장인이기에 남편과 아이들이 하는 일들을 폭넓은 이해를 하게 된다. 가족들 또한 엄마를 이해하고 배려해 주기에 직장생활을 오래 할 수 있다는 생각이다. 가족들의 따뜻한 마음이 없었다면 벌써 접었을 직장인데 내가 지금껏 몸담을 수 있는 것은 가족의 도움이 있기에 가능했으리라 본다.

해마다 그렇듯이 새해를 맞이하여 지난 1년동안의 고마움을 가족들에게 전한다. 아들과 딸에게는 서툴고 어려웠을 직장생활을 잘 해줘서 고맙고 무탈하게 보낼 수 있어서 더욱 고맙다는 말도 전한다. 올해에도 건강한 직장생활을 하자며 한 해 동안의 안녕을 미리 주문해 본다. 남편에게도 한 해 동안 많이 지지해줘서 한 해를 돌아보았을 때 보람 있는 한 해였다는 말과 함께 고맙다는 말도 전한다.

오늘은 모처럼 3일 동안의 연휴다. 딸아이는 친구들이랑 배낭을 둘러메고 올레길 5코스를 간다며 나가고 아들은 출근하였다. 휴일이지만 각자의 생활을 찾아 아이들이 떠난 집은 남편과 둘이다. 창밖에서 아름다운 새소리가 들려오고 스며드는 햇볕이 포근하다. 따사로운 거실에서 남편이 깎아준 사과 맛이 유난히 달콤하게 느껴지는 휴일 아침이다. (2013)

# 어른 공경에서 배우는 교육

뭉게구름 떠 있는 가을 하늘이 곱고 스치는 바람이 감미롭다.

시어머님이 며칠 전에 와 계신다. 이곳 제주시에서 버스로 한 시간쯤 걸리는 거리에 살고 계신다. 우리 가족이 모두 직장생활을 하는 터라 낮에는 아무도 없다. 그래서인지 오시면 오래 머물지 않고 당신의 집으로 가시곤 한다. 몸이 아파서 불편하실 때는 그나마 오래 계신다. 얼굴에는 잔주름도 가득하나 눈동자만큼은 어린아이 못지않게 초롱초롱하다. 음성 또한 또렷하여 어휘 구사가 분명하고 전달력도 정확하다. 부지런한 성격 탓에 몸을 쓰다 보니 몸이 아픈 곳이 많다. 그런 모습의 어머님이 지금 이 시각에 거실 소파에 앉아서 손녀딸과 이런 저런 얘기를 나눈다. 손녀딸의 직장도 궁금하고 당신이 가진 돈도 어떻게 저축을 하면 좋겠냐는 의논도 한다. 할머니가 좋아하는 TV프로는 무엇일까. 배려하는 목소리도 안방으로 나지막이 들려온다. 어제는 내가 약속이 있어서 외출하게 되어 딸아이가 종일 어머님과 함께했다.

지천명이 지나서인가 요즘 생각이 많이 바뀌었다. 나이 70세 이후 노년의 시간에 대해 계획을 하게 되고 어른에 대한 생각을 많이 하게 된다. 시어머님의 모습을 보면서 40년 후 나를 보고 아이들이 나에게 하는 모습을 상상도 해본다.

지금껏 살아오면서 내가 하지 않았던 일을 아이들에게 강요하지는 않는다. 산교육이 가장 중요하다고 믿기 때문에 아무 말 없이 먼저 움직이게 되고 움직이는 이유를 아이들과 많은 대화로 풀어간다. 학교 교육도 중요하지만 모든 교육은 가정에서의 바탕이 된 후에 이루어져야 한다는 생각이다.

아들이 입대하기 전에 사회적응훈련을 위해 첫 아르바이트를 시작할 때도 돈을 벌기 위함보다는 사회를 통해 어른에 대한 존경심을 배우기를 원했다. 버스가 끊긴 시간에 아르바이트가 끝나면 택시비로 큰 비용이 지출되지만, 그 속에서 스스로 뭔가를 체득하도록 지켜보고 있었다. 군대에 가게 되어 아르바이트를 마무리하고 많은 얘기를 나누는 도중에 아들을 통하여 알았다. 늦은 밤 퇴근을 하려면 버스는 마감되고 택시비는 많이 나와서 갈등이 있었다 한다. 아르바이트 기간 약속은 지켜야 해서 아르바이트 장소에서 집까지 거리 중 절반까지는 걸어서 오고 절반은 택시를 타고 다녔노라 고백을 하는 것이다. 그것이 책임을 다하는 유일한 방법이라는 것을 아이가 스스로 체득한 거다.

아이들에게 엄마 아빠에게 잘하라고 하지도 않거니와 아무것도 바라지도 않는다. 지금 내 위치에서 내가 어르신들에게 할 수 있는 것을 아낌없이 드리려 한다. 몸이 아무리 고달프더라도 할 일은 꼭 해야 한다는 것을 스스로 배우게 하는 일이기도 하다.

시어머님은 오시는 첫날 저녁 식사하는 자리에서 병원에 다녀왔으니 내일은 당신이 사는 집으로 가고 싶다 하신다. 내가 요리한 음식은 무엇이든 맛있게 잡수시고 유독 양파장아찌가 아삭거려 맛있다고 하신다. 저녁을 마무리한 후 양파장아찌를 만들었다. 맛있게 드실 어머님의 모습을 생각하니 정성이 더해진다. 어머님이 집으로 가실 때 챙겨드릴 것이다.

유난히 가을 날씨가 곱다. 가을향기가 번질 것만 같다. 어머님이 집에 와 계셔서인지 무언가 듬뿍 받은 것같이 풍요롭고 넉넉하다. 딸아이가 "할머니 커피 드릴까요."라면서 보통 커피보다 더 달콤한 커피를 내다 드린다. 더불어 나도 맛있는 커피를 딸아이에게 받아 마시며 가을의 달콤함 속에서 어머님의 옛이야기를 동화처럼 듣고 있었다.

내가 활동하며 찍어둔 사진첩을 어머님과 소파에 나란히 앉아서 보았다. 오늘 그 사진첩에서 보았던 며느리 모습을 오래전 이야기처럼 손녀딸과 오순도순 나누고 있다. 오늘 밤도 내 딸아이는 할머니와 나란히 누워 할머니의 많은 이야기를 듣다가 스르르 잠에 빠질 것이다. 꿈속에서도 할머니와 도란거리는 꿈을 꾸며 "할머니"라고 하며 부를 것만 같다.

이처럼 좋은 가을 아침에 시어머님을 모시고 맛있는 음식을 대접 할 수 있고, 맛있는 차를 나눌 수 있고, 사진첩을 보면서 아름다운 이야기를 나눌 수 있어서 마냥 고마울 뿐이다. 내 아이들과 어머님이 더 오래도록 많은 시간을 갖고 옛이야기를 많이 들으면서 할머니에 대한 추억을 더 많이 만들 수 있도록 도와주고 싶다. 내가 이 세상에 태어나 두 아이를 기르면서 아이들에게 가르칠 수 있는 마지막 교육이란, 효도하는 일이라는 생각을 조심스레 가져 본다. (2013)

# 복을 받는 것은, 복을 짓는 일

새해 아침이다. 만나는 사람마다 "새해 복 많이 받으세요". 라며 인사를 하고 지인들과도 에스엔에스(SNS)를 통해 새해 인사를 나누곤 한다. "복 많이 받으세요". 라는 말은 받아서 저축을 할 수 있다면 저축을 많이 했다가 복이 없어서 못 살겠다는 사람을 만나면 나눠줘도 좋으련만…….

며칠 전 늦은 시간에 귀가하는 데 재활용 분리수거함 쪽을 지나게 되었다. 그 날은 바람이 불고 눈은 펑펑 내렸다. 나는 두꺼운 외투에 목도리와 가죽장갑을 끼고 눈이 보일 만큼만 얼굴을 내밀고는 부츠를 신고 뚜벅뚜벅 걸어가고 있었다. 그곳에는 외투를 입고 털모자를 눌러쓴 노인의 뒷모습이 보였고 투덜거리는 소리에 이끌려 그곳을 바라보게 되었다. 잠시 내 귓가에 들려오는 소리는 분리수거를 제대로 하지 않고 쓰레기를 버린 누군가를 향해 질책하는 것 같이 들렸다. 요즘 며칠이 지났는데도 그 소리가 귓가에 맴돈다.

재활용품을 분리하지 못한 사람도 "새해 복 많이 받으세요". 라며 새해 인사는 나누지 않을까. 복을 받는다는 것은, 누군가가 "복 많이 받으세요". 라고 해서 받을 수 있는 것이 아니라는 것을 그 노인을 보면서 깨달음을 얻었다. 복을 받으려면 먼저 복을 짓고 복 받을 준비를 해야 하고 그 준비는 자기 자신만이 할 수 있다는 생각이 잠시 스친다.

복을 받는다는 것은 먼저 상대방을 생각하고 배려하는 마음이란 생각이다. 배려하는 것은 쉬운 일인 것 같지만 어려운 일이다. 자기중심적인 풍조가 팽배한 요즘은 더 그렇다. 쓰레기를 함부로 버린 그 사람은 마구 버린 쓰레기 봉지 속에 받았던 복도 쓰레기와 함께 고스란히 버려지지 않았나 하는 생각이다.

어제는 출장이 있어서 외지에서 잠을 자고 아침에 퇴실하면서 나는 평소와는 다른 행동을 하는 모습을 발견하였다. 하룻밤 사용하였던 모든 물건을 분리하여 버릴 것은 버리고 남은 것은 정리하고 쓰레기통까지 확인하고 있었다. 나는 앞으로 누군가가 주는 복을 낭비하지 않고 고스란히 받을 수 있는 복주머니를 만들고 있다. 배려하는 마음을 크고 예쁘게, 편안하고 편리하게 만들어서 아름답고 단단한 복주머니를 만들 것이다. 그래서 늘 마음속에 품고 다닐 것이다. 복이 없다고 투덜거리는 사람을 만나면, 복을 많이 받을 수 있는 길을 누군가가 굳이 물어 온다면, 그 일은 남에게 배려하는 일이라고 서슴없이 말하고 싶다.

오늘 아침은 눈이 쌓이고 기온이 내려갔지만 빼꼼하게 비춰주는 햇볕이 있어 조금은 마음이 온도가 올라가는 듯하다. 차가워진 몸을 이동해야 하는 불편함보다는 눈이 쌓인 하얀 길, 새로운 길에 첫 발자국을 만들며 걸을 수 있음에 고마움을 전하는 마음으로 하루를 시작하려 한다. 사소한 일도 남을 배려하는 마음을 잊지 않고 상대방의 관점에서 헤아리고 어루만지는 복을 짓는 하루가 되겠노라 생각하니 마음이 풍요롭고 벌써 복이 마음 가득 쌓여 부자가 된 것 같다. 얼어 있던 내 몸에서 함박웃음 피어오른다. (2013)

# 만남

가을 햇볕이 따뜻하게 부서지는 아침이다. 며칠 전부터 계획되었던 항일운동 발상지였던 무오법정사를 찾아 나섰다. 사흘 후면 법정사 100주년 기념행사에 시詩낭송을 하게 되어 행사장을 찾아가는 데 불편함을 없애기 위한 사전답사를 하기위해서다.

길도우미가 알려주는 대로 길 안내를 받으면서 달렸다. 법정사가 궁금하기도 했고 초행이라 불안하기도 하면서 설레기도 하였다. 한라산 둘레 길을 따라 굽이굽이 돌아 달렸다. 한라산 속에 혼자 있는 듯 주위에는 온통 단풍의 물듦으로 내 마음 또한 단풍의 일부가 된 느낌이다.

산은 나를 기다린 듯 반갑게 맞이해 주었다. 꽃보다 더 아름다운 붉은 단풍들의 자태며 바람의 힘을 빌려 낙엽으로 꽃비를 뿌린다. 자연은 이렇게 약속을 하지 않아도 아무런 대가도 없이 나를 위해 마구 나눠준다. 나무들이 행복해 보이기까지 하다. 자연 속에 함께

하며 행복이란 무엇인가에 대해 생각을 하면서 불현듯 시어머니를 생각하게 되었다.

지난달 시어머님이 집에 와서 지낸 적이 있다. 연세가 97세이다. 늘 밝은 모습으로 미소가 가득하신 어머니를 볼 때면 삶을 초월하신 모습, 어린아이로 돌아가는 모습이 아닌가 하는 생각을 하게 된다. 젊었을 때 왕성하게 기능하던 몸도 이제는 많이 쇠퇴하였다. 요즘은 요리를 만들 때도 어머님께 먼저 의논을 하고 요리를 만든다. 과일을 좋아하시지만, 치아가 예전 같지 않다고 하신다. 과일은 옥수수 콘과 함께 꿀이나 설탕을 넣고 졸여 드리고 식탁에는 어머님이 드실 수 있는 유동식이 많았다. 음식마다 맛있다며 어린아이처럼 좋아하시는 어머님을 보며 나도 모르게 얼굴에 미소가 번진다.

어머니와 함께 지내는 동안 예전에는 느끼지 못했던 깨달음을 얻었다. 어머니의 음식을 맞춤형으로 만드는 일도, 밤늦게 화장실을 출입하기 편리하게 선등을 켜두는 일도, 어머니의 딸이이랑 함께 나란히 셋이서 잠을 자는 일도 어머님을 위하는 일이라고 생각을 하였는데 그 모든 일은 어머님을 위한 일이 아니라 결국 나를 위한 일임을 깨달았다.

주름진 얼굴에 검버섯과 손등의 주름을 보면서 어머니는 아무 말이 없지만, 어머님의 삶을 이야기하고 있음을 알았다. 굽이굽이 돌아 97년, 시어머니와 며느리로 만난 지는 33년, 아이를 낳고 기르며 출가를 시키는 동안 나의 모든 면이 훌륭하지는 못했을 터인데 한 번도 나무라고 인상 쓰는 일 없이 잘한다고 착하다고 칭찬만 하신다.

최근에 오셨을 때는 며느리 집에 와보면 “네 귀가 갖춰져서 기쁘다”라고 하신다. 무슨 말씀이시냐고 여쭸더니 “손자 손녀가 모두 결혼해서 흐뭇하고, 서재에 가면 책이 가득하고, 종이와 붓이 가득하고, 베란다에는 항아리가 가득하고, 집안에는 웃음이 가득하여 좋다”라고 하신다. 남의 자식이 잘 들어오고 또한 아끼면서 살아야 한다는 말씀도 하신다. 그래야 집이 화목하고 번창한다는 말씀도 하신다. 어머님 말씀을 들으면서 생각을 하다 보니 다 옳은 말씀이시고 경험에서 얻은 인생의 깊은 의미의 말씀이시다.

어른이 된다는 것은 나이가 들어 숫자가 올라가는 것이 아니고 마음이 익고 곰삭아서 깊이를 헤아리지 못하는 끝이 보이지 않는 깊은 우물 같다는 것을 나는 깨달았다. 이 세상에 훌륭한 스승님이 많지만, 부모님보다 더 훌륭한 스승은 없다.

시어머니와 며느리로 만나 서로를 위하는 마음으로 살다 보니 서로에게 기도가 되고, 하는 일마다 원만하게 이루면서 기쁨과 행복을 얻었다. 내가 가장 중요하게 생각하는 것은 가족의 화목이다. 가정에서 파급되는 효과는 말로 형용할 수가 없다. 시어머니가 주신 사랑을 며느리에게도 주고 싶다. 내 며느리도 나의 시어머님처럼 훗날 며느리를 아끼고 사랑하는 시어머니가 되었으면 하는 소망이다.

마음의 온도가 높아지고 얼굴에 미소가 번지고 가슴에는 사랑이 가득한 저녁이다. 페퍼민트 향이 가득한 머그잔을 기울이면서 33년의 결혼생활을 뒤돌아보는 나는 참으로 행복하다. (2018)

# 삼대三代의 미소

시어머니가 오셨다. 안과 검진을 하기 위해서다. 어머니가 우리 집에서 주무시는 날에는 아이들이랑 함께 잠을 자곤 했는데 모두 결혼을 하여 아무도 없다. 지금부터는 시어머니가 오시면 내가 함께 잠을 자야겠다. 연세가 있어서인지 밤에도 여러 번 화장실 출입을 하신다. 환경이 익숙하지 않아서 화장실을 이용할 때도 살펴드려야 한다.

어머니 연세가 있다 보니 손위 동서도 노인의 반열에 들어 몸이 불편하다. 큰형님 부부에 대한 나의 바람은 건강하게 잘 지내는 것이다. 어머니가 아프시면 셋째 며느리인 나의 몫이라 생각한다. 어머니 모시는 일이 당연하다 생각하니 마음의 불편함은 없다. 음식을 준비할 때도 건강을 고려하여 부드러운 음식을 준비하게 되고 잠을 주무실 때도 함께 자는 것이 마음이 편안하다. 식사하시는 모습도 너무나 맛있게 드셔서 마음이 안심된다.

어머니와 오랜 시간을 함께하다 보면 끊임없이 말을 반복하여 많이 하신다. 그래도 귀찮아하면 안 될 것 같다. 말을 하는 동안 많은 생각을 하게 되니 치매 예방에도 좋을 것 같아 호응을 많이 한다. 말을 할 때의 눈빛은 어린아이처럼 신이 나서 빛이 난다. 눈빛이 빛나는 시간이 많을수록 어머니의 즐거움도 더 크겠구나 하는 생각이다. 그로 인하여 노인의 우울감도 찾아오지 않을 것 같고 빛나는 눈빛으로 많은 얘기를 하고 난 후는 새근새근 잠도 잘 주무신다. 어린아이가 한바탕 뛰놀다가 잠을 자는 모습과도 같다.

어머니가 주무시는 모습을 보면서 이런 생각을 하게 된다. 노인이 아니라 점점 자라나는 어린아이라면 얼마나 좋을까. 한편으로는 '사람이 나이가 들면 어린아이가 된다'는 말을 떠올리기도 한다. 지금 나의 시어머니 모습은 어린아이와도 흡사하다. 점점 시간이 흘러 더 갓난아이처럼 깊은 노인이 되고 태어나는 그 순간처럼 되면 이생을 하직하여 다시 태어난 곳으로 돌아가는 것이 아닌가 하는 생삭을 해본나.

시어머니는 우리 집에 오시면 늘 행복해 보인다. 며느리의 하는 일, 좋아하는 취미생활 등 며느리의 삶을 사랑하고 칭찬하곤 하신다. 언젠가는 서예작품 활동을 할 때의 일이다. 서재에서 붓글씨를 쓰려고 먹을 갈고 있으면 시어머니는 남편에게 "TV 보지 말고 먹이라도 갈아주라"는 소리가 들려온다. 어머니는 그렇게 며느리의 삶을 존중하고 사랑하셨다.

결혼하고 34년의 세월 동안 보아온 시어머니의 마음 따뜻한 사랑이 내 마음에 스며들어 가슴 깊이 사랑의 씨앗이 뿌리내렸으면 하는 바람이다. 어머니의 따뜻한 사랑처럼 나의 며느리에게도 아름다운 사랑, 바라만 보아도 따스함이 묻어나는 그런 사랑을 주고 싶다. 함께 있으면 마음이 따뜻해지는 사랑스러운 나의 며느리도 그 사랑을 이어받아 후세에 전파하는 아름다운 삶을 생각하니 가슴속에서 따뜻함이 용솟음치는 고요한 밤이다.

시어머니의 며느리가 된 것이 기쁘고, 며느리가 나의 며느리가 된 것 또한 기쁨이다. 이 모든 것이 소중한 인연이고 행복이다. 시어머니의 얼굴에 늘 미소가 번지고 며느리의 얼굴에도 늘 미소가 번지는 삶이 되었으면 하는 간절한 소망이다. 삼대三代의 미소가 모아져서 우주의 불빛이 되고 세상을 밝히는 등불이 되리라는 믿음이다.

따뜻한 페퍼민트와 레몬 향이 고요함 속에 은은히 내 마음을 감싸주는 시간이다. 시간을 내어 시어머니와 며느리도 함께 차를 마시고 싶다. 시어머니와 며느리를 내 가슴에 품을 수 있어 마음이 따뜻해짐을 깊은 밤 홀로 차를 마시며 차향기와 나눈다. (2019)

# 능소화꽃을 줍는 어머니

장마가 지속 중인데 모처럼 하늘이 높고 공기가 맑다. 서울에 사는 지인이 제주에 일이 있다고 하기에 공항에서 만나기로 하였다. 여름철이라 수국을 비롯한 다양한 꽃들이 여기저기 피어있다. 그중에 유난히 마음이 가는 능소화의 자태가 마음을 설레게 한다.

공항으로 들어서는 길에는 능소화가 울타리를 휘감아 피어있고, 야자나무에도 꼭대기를 향해 한 송이씩 꽃을 피우면서 마음을 달래고 있는지 다소곳한 자태가 임을 그리는 여인이 자태와도 사뭇 비슷하다.

공항을 다녀오는 길에 보았던 능소화가 마음에서 떠나지를 않는다. 능소화꽃을 좋아해서 예전에는 그림의 화폭에 담은 적도 있지만, 능소화를 보면 시어머님이 떠오르게 된다.

얼마 전에 시댁에 다녀온 일이 있다. 그곳은 바다가 인접해 있고 산방산이 보이는 마당의 울타리는 돌담으로 둘러쌓였다. 구멍이 숭

숭 나 있는 돌담 안과 밖에는 주황색 능소화가 흐드러지게 땅을 향해 내리면서 피어있어 오가는 행인들이 발길을 멈추게 한다. 그 앞에서 꽃의 여신인 양 사진을 찍고 가는 사람이 많다고 한다.

능소화를 사전에 찾아보니 금등화金藤花라 부르기도 하였다. 쌍떡잎식물 목 능소화과의 덩굴식물이라고 한다. 옛날에는 능소화를 양반집 마당에만 심을 수 있어 양반꽃이라 불렀다고도 한다. 능소화가 흐드러지게 피면 장마가 끝났다는 신호라서 어른들은 장마가 끝난 후에 파종할 농사를 준비하기도 하였다는 말을 주위의 어른들께 들었다.

어머님은 일과의 대부분을 복지관에서 지내셨는데 코로나19로 인하여 외출이 제한되었다. 시댁에 가면 습관처럼 과수원을 둘러보는데 과수원의 한편에는 능소화꽃 송이가 소복하게 쌓여 있어서 꽃송이 무덤처럼 보였다. 어떻게 꽃무덤이 되었을까 궁금했었는데 궁금증이 풀렸다. 집 주위를 산책하는 동안 능소화꽃 송이가 떨어졌는데 어머니는 익숙한 몸놀림으로 꽃송이를 손부리로 집고 마당을 거쳐 과수원의 한편에 쌓여있는 꽃무덤으로 걸음을 옮기는 것이다. 얼마나 많은 걸음을 했으면 저리도 많은 꽃송이가 꽃무덤이 되었을까.

꽃송이 무덤에 대한 해석이 떠오르지 않아서 어머니에게 여쭤보았다. 어머니는 생각의 여지도 없이 "저 꽃송이들은 내가 옮겼노라" 하신다. 왜소한 몸매에 약간 굽어진 허리와 미소 머금은 얼굴에는 세월을 알려주듯 검버섯으로 피어났다. 복지관에 나가지 못하는 동안 어머니 일과는 울타리 밖에서 행인들을 보면서 일과를 보내시다가 꽃이 한 송이 뚝 떨어지면 떨어질 때마다 꽃의 숫자에 맞추어 마당을 건너 꽃송이 무덤으로 향한다.

손부리로 꽃을 든 어머니의 마음은 어떤 마음이었을까. 한 송이씩 옮겨서 쌓여가는 꽃무덤을 바라보는 마음은 또 어떤 마음이었을까. 울타리 담장 밖에 떨어진 꽃송이를 손부리로 집으며 어머니는 누군가의 걸음걸이가 안녕하기를 바라는 기도를 하였을까. 어머니는 꽃을 줍는 순간마다 당신이 살아온 세월을 반추하는 시간이었는지도 모른다는 생각을 하게 되었다.

능소화꽃 송이보다 더 아름다운 10대의 소녀가 꽃가마를 타고 혼인하여 이제 백수白壽가 되었다. 세상을 바라보는 마음은 아무런 욕심도 없고 모두의 안녕을 바라는 꽃보다 아름다운 마음일 거라는 생각이다. 옆에 계셨으면 시어머니를 꼭 안아드리고 싶은 마음이다. 능소화꽃보다 더 아름다운 나의 어머니를. (2020)

# 마음이 따뜻해지는 시간

아침마다 마스크를 착용하고 손소독제를 뿌리고 거울을 보는 것이 일과의 시작이다. 국내에서 코로나19 첫 확진자가 1월 20일 발생 후 10개월이 되었다. 마스크 착용의 불편함도 있지만, 마스크를 착용하여 일 할 수 있는 직장이 있어서 감사하는 마음이 커졌다. 코로나19가 지속되면서 지난 시간에 대한 감사함이 새삼 느껴진다.

코로나19로 동 · 서양을 막론하고 떠들썩한 요즘, 내가 다니고 있는 직장에 대한 애사심이 더욱 깊어진다. 코로나19로 인하여 예상치 못한 여러 가지 문제들이 발생하고 있지만 내가 몸담은 직장은 어려움이 클수록 안심하고 안전하게 다닐 수 있는 장치를 만들어 준다. 그로 인하여 동료들 간의 결속력도 더 단단해지고 회사에 대한 신뢰도 두터워지면서 업무에 대한 책임감도 강하게 나타난다.

국내에서 첫 확진자가 발표되고 마스크 대란을 시작으로 많은 것들이 변화하였다. 마스크구매를 위해 동분서주하여도 원하는 만큼의 구매가 어려웠다. 그런데 회사에서 한 달에 마스크 20매와 손소독제 3개를 보내주었다. 시작한 지 10개월이 지난 지금에도 계속 이어지고 있다. 광풍이 불어도 회사가 사원들을 위해 아낌없이 지원해주는 모습에 나를 안전하게 지켜주는 울타리 같다.

어민들이 다시마 판매가 되지 않아서 경제적 어려움을 겪고 있음을 전해 듣고 회장님께서 흔쾌히 다시마를 구매했다는 소식을 전해 듣고 나의 기쁨인 양 큰 감동이었다. 또한, 재난지원금을 주셔서 사원들이 경제적으로 어려움을 극복할 수 있도록 하여주시는 따뜻한 마음이 내 가슴에 스며든다. 그뿐인가. 컵라면 뒷면에 보면 코로나를 함께 극복할 수 있는 다양한 문구가 있는데 그중에 처음으로 접하게 된 '의료진 덕분에' 라는 문구와 '하트 표시 두 개'를 보는 순간 크게 감동하였다. 컵라면을 가슴에 품었다. 이 한마디 문구가 코로나를 극복하기 위해 함께한 어려운 이들에게 따뜻한 사랑으로 전달될 것 같은 마음에 내 마음 또한, 따뜻해짐을 느꼈고 많은 사람에게 전파하고 또 전파하였다.

27년 동안 근무를 하면서 기나긴 시간을 돌아서 여기까지 왔다. 돌아보니 감사한 일이 코로나19로 인한 일만은 아니었다. 여사원이 많은 회사이지만 여사원을 가장 많이 사랑하고 아껴주는 회사, 사람을 귀하게 여기는 회사, 이웃의 아픔과 어려움을 함께 나누는 회사이다.

세상이 시시각각 변화하고 있다. 회사의 많은 변화와 성장에 맞추어 함께 성장해야 한다는 생각은 나를 늘 새로운 공부에 도전하게 하였다. 공부하는 속에서 가장 큰 기쁨은 하나씩 알아가는 기쁨이고, 더불어 자존감이 증대되어 모든 일에 자신감이 생겼다. 일이 산처럼 몰려와도 실타래를 풀어가듯이 하나씩 하다 보면 완성도가 높아진다. 또한, 성취감도 높아져 긍정의 에너지가 내 몸을 휘감아 돌고 있음을 안다. 내 앞에 어떤 어려움이 닥쳐도 슬기롭게 헤쳐 나갈 수 있는 마음이다. 직장 생활을 하면서 많은 것을 배웠고 많은 깨달음을 얻었다. 직장 생활과 다양한 활동을 병행하면서 관계의 소중함도 알게 되었다.

회사에 대한 지난 일들을 생각하다 보니 소천하신 명예회장님이 그리워진다. 명예회장님은 어려운 시기임에도 불구하고 '인류식생활향상'에 이바지하신 분이다. 국민의 건강을 위해 터를 일구시고 씨앗을 심어 우람한 숲으로 가꾸셨다. 씨앗을 심고 한 그루의 나무가 숲이 되기까지의 노고가 아직도 가슴에서 느껴진다. 어버이와 같으신 명예회장님을 만나 늘 꿈을 꾸면서 새로운 일에 도전 할 수 있었고 좋은 결실을 보면서 내 삶의 방향도 달라졌다. 회사의 성장에 맞추어 성장해가는 모습을 명예회장님께 보여 드리고 싶었는데 지금 생각하니 아쉬움과 그리움이 가득하다.

사람을 귀하게 여기셨던 명예회장님, 직원을 가족처럼, 고객을 가족처럼 사랑하는 마음을 갖고 있음을 알았다. 그 마음이 고스란히 녹아서 좋은 습관이 되고 세상을 향해 나눔을 몸소 실천하셨다. 그분의 마음이 맛있는 향기로 피어나 영원히 전해질 것이라는 생각을 하게 되는 주말 고요한 아침이다. (2020)

# 어머니의 향기

며칠 전 집에서 가족 모임이 있었다. 음식준비를 위하여 재료준비를 위해 장을 보러 갔다. 동선을 따라 움직이다가 막걸리가 보관된 냉장고 문을 열게 되었다. 무슨 연유인지 나도 모르게 냉장고 속에 있는 막걸리를 보면서 알 수 없는 향기에 이끌리고 있음을 알았다. 그 순간은 막걸리의 구수한 향기가 있을 뿐 아무 생각도 없었다.

시장을 보고 돌아왔어도 그 향기의 여운이 오래 머물러서 자꾸 그 속으로 빠지고 있었다. 왜 이러지 하는 물음을 던지면서 그 향기에 근원이 무엇인지를 찾고 있는데 그것은 막걸리의 향기가 아닌 어머니의 향기임을 알았다. 유년 시절에 집에서 제사를 모실 적에 떡을 만들기 위해 밀가루에 막걸리로 반죽을 하여 숙성되면 풍겨오는 그 향기였다.

시골에서의 삶은 제사음식도 이웃집과 나눠 먹었던 나눔이 있었다. 우리 동네는 가족의 구성원을 일일이 기억할 만큼 친근함이 있었다. 가족의 수가 많아지면 빵의 수도 많아진다. 그럴 때마다 나는 빵을 좀 더 여유롭게 갖고 다니기를 좋아했다, 그 이유는 제사가 여름철이라 여행으로 찾아오는 친척들이 가끔 있어서 그 친척을 위한 챙김이었다.

언니 오빠와 함께 나들이를 가듯 마을을 돌며 빵을 나누면서도 왜 그렇게 즐거웠는지, 우리는 까르르 웃으며 빵과 함께 따뜻한 마음과 웃음도 함께 드렸다. 대나무 바구니에 가득한 빵은 마을을 한참을 걸어서 가정마다 나눠드렸다. 돌아오는 길은 형언할 수 없는 기쁨이 커다란 빵 바구니를 가득 채우고 돌아왔다. 어려운 시절이지만 밀가루 빵을 만들고 온 마을에 나누도록 준비하여 주신 어머니의 따뜻한 성정이 전해진다. 우리는 빵을 통해 나눔을 몸소 실천하셨던 어머니의 모습에서 나눔을 스스로 체득하게 되어서 지금도 나눈다는 것은 자연스럽게 생각이 든다

봄꽃이 만개한 이 계절에 막걸리 향기가 이토록 가슴에 오래 머무는 것은 오월이 가까워짐을 짐작한다. 밀가루 분을 칠한 것처럼 어머니의 고운 얼굴과 포근한 마음이 사뭇 그리워서 어머니를 묻어두었던 가슴을 펼치며 어머니의 따뜻함을 한 번 더 기억하는지도 모른다.

해마다 오월이 되면 어머니의 향기에 취해 마음껏 안기고 싶은 마음은 환갑이 되어도 변함이 없다. 내가 죽는 날까지 어머니를 생각하면 어린 시절처럼 어린아이가 되어 있을 것이다.

글을 통해 어머니와 마주하는 이 시간 어머니가 그리워 눈시울이 붉어진다. 나의 삶의 방향과 행동, 언어를 바르게 가르쳐 주시고 나의 취미를 사랑해 주셨던 어머니, 책은 평생을 읽어야 한다는 어머니의 말씀들은 지금 생각하니 진리와도 같았다. 어머니의 고요한 미소와 부드러운 음성이 사뭇 그리워지는 시간이다. (2020)

2부

# 촛불을 그리다

# 풍선이 주는 행복

날씨가 화창하다. 토요일이라 많은 사람이 배낭을 둘러메고 올레길을 걷는다고 바삐 움직이는 모습이다. 직장인이다 보니 토요일에는 어디론가 탈출하고 싶은 충동도 여간 많지가 않다. 그래서 토요일에는 갈등하는 시간이 가장 많지만 갈등도 잠시뿐 나의 개발開發을 위해 토요일마다 가는 곳이 있다.

오늘은 풍선을 가지고 다양한 작품을 만들기 위해 공부하러 가는 날이다. 어릴 적 풍선은 학교 운동회 날에나 갖고 놀았던 기억이 있다. 그 후 한참을 잊고 있었는데 기획행사가 필요한 직장을 다니다 보니 풍선을 찾게 되었고 풍선에 필요한 도구도 구매하였다. 풍선아트를 위한 도구가 많다는 것에 놀라웠다. 그뿐인가. 풍선으로 만들어지는 다양한 작품들을 보고 손의 위대함도 알게 되었다. 처음에는 풍선으로 작품을 만들다가 터지는 것과 같은 시행착오들이 많았지만 이제는 장소와 위치, 치수에 따라 계산하게 되어 모양과 색상이 달라지기도 한다.

풍선은 촉감이 좋다. 말랑말랑 부드러운 것이 우리네 속살 같기도 하다. 어린아이들은 풍선을 유독 좋아한다. 울던 아이도 풍선에 공기를 주입해서 주면 얼굴에는 화색이 돌고 편안해 보이기까지 한다.

풍선으로는 상상하지 못할 만큼 다양한 캐릭터를 만들 수 있다. 축하연이나 기념일 때도 풍선을 함께 하면 무언가 더 신경을 써서 준비한 것 같고 더 행복해한다. 요즘은 풍선을 가지고 신랑 · 각시, 애벌레, 강아지, 나비, 토끼, 산타할아버지, 과일, 꽃바구니 등 다양한 캐릭터를 만들수 있다. 작품을 만들고 나면 성취감과 행복감이 크다. 예전에는 전시회에 갈 때는 꽃집을 많이 이용했는데 요즘에는 풍선을 이용한 꽃바구니 선물을 하고 있다. 가정집을 방문하거나 고마움을 표하고 싶을 때도 이용을 하는데 특히 장미꽃 바구니를 많이 활용한다.

어떤 작품이든 구상하고 준비하는 시간은 오래 걸린다. 장미꽃 바구니를 처음 만들려고 하니 종일 걸려도 장미 한 송이를 완성하지 못했다. 풍선은 원료가 라텍스라 부드럽고 신축성이 있지만, 작품을 만들어도 시간이 조금 지나면 산화되어 모양이 일그러진다. 작품을 완성하는 시간이 많이 들어 포기할까 싶은 마음도 들었다. 그렇지만 작품을 완성하고 해냈다는 희열감이 있어 생각을 바꾸게 되었다. 생각을 바꾸니 길이 보인다. 어렵게만 느껴졌던 방법들을 하나씩 인지하게 되고 조금씩 마음이 여유로워지니 풍선도 터지는 횟수가 줄어들었다.

시간이 얼마나 걸렸을까. 헤아려보니 장미꽃 바구니를 완성하는데 필요한 시간이 8시간이나 걸렸다. 작품을 완성한다 해도 이렇게 많은 시간이 필요하면 효율적이지 못하다는 생각이 들었다. 퇴근 후 밤마다 풍선을 가지고 놀았다. 고민 끝에 풍선에 공기를 주입하는 것은 가족들의 도움을 받기로 하였다. 장미꽃 만드는 일에 올인했다. 그렇지만 원하는 작품이 그리 쉽게 탄생하지는 않았다. 장미꽃을 만들고 또 만들었다. 마음에 들지 않는 작품이 지속해서 나온다는 것은 문제가 있다는 거다. 원하는 만큼의 노력이 부족하다는 것을 깨달았다. 그래서 조금 더 세심하게 관찰하며 다시 만들었다. 그러던 중에 원하는 장미꽃 바구니가 탄생했다.

시험을 보는 마음으로 다시 도전했다. 시간을 체크하면서 풍선으로 작품을 만들기 시작하니 집중도 더 잘되고 손놀림도 몇 배는 더 빨라졌다. 손에서 머무르는 시간이 짧으니 풍선이 상하는 일도 덜 하다. 예전에는 종일 걸려 완성하던 장미꽃 바구니가 40분 만에 완성이 되었다. 내가 만들고도 신기해서 한참을 보았다. 모양이 이상한 것도 없고 신기하리만큼 원하는 꽃송이가 탄생 되었다.

완성된 장미꽃 바구니를 보면서 많은 생각에 잠겼다. 많은 깨달음을 얻었다. 이 세상에는 하고자 하는 일을 마음에 품으면 안 되는 일이 없다는 것을 알았다. 모든 성과는 노력의 결과물이라는 것을 다시 한번 느꼈다. 풍선을 통해 많은 배움이 있는 소중한 시간이었다. 장미꽃 바구니를 통해 많은 사람과 기쁨을 나누는 행복한 시간을 많이 갖고 싶다. (2011)

# 아이들의 정성

아침 일찍 전화벨이 울렸다. 버릇처럼 전화를 받기 전에 발신자 확인을 하는데 처음 보는 번호이다. 꽃집이라며 언제쯤 방문하면 좋겠냐는 내용이었다.

전화를 받고 마음이 설렌다. 거울 앞에 다가서서 내 모습을 보았다. 거실부터 정돈하고 집안을 정갈하게 청소했다. 사람을 만날 때 기본적인 예를 갖추고 내 집을 찾는 손님을 대하듯 꽃을 받고 싶다는 마음이었다.

잠시 후 초인종이 울리고 "꽃 배달 왔습니다."라며 현관문을 열었는데 싱그러운 초록 잎과 꽃망울을 달고 있는 춘란의 화분이었다. 난분은 포장지에 싸여 예쁜 리본을 달고 있었다. 거기에는 이런 글이 쓰여 있었다. "사랑합니다. 건강히 지내십시오."

지금까지 받은 선물 중에 이런 글귀는 처음이라 기분이 색달랐다. 여러 가지 생각이 교차했다. 풍성하게 피어있는 화분도 좋아하지만, 꽃봉오리가 달린 화분은 개화하기까지의 기다리는 마음을 즐길 수 있는 행복의 시간이라 더 좋다. 이른 아침부터 나를 설레게 한 화분은 우리 아이 둘이서 보내온 것이다. 어버이날 선물이라 한다. 식물 가꾸기를 무척 좋아하는 어머니를 보고 자랐던 아이들의 선물 방법이다.

거실장 위에 화분을 올려놓고 남편한테 메일을 보냈다. "오늘은 직행으로 귀가하세요. 당신을 기다리는 사람이 있습니다."라는 메일을 보내고는 20년 전으로 돌아갔다. 남편을 만나 부부가 되고 아이들을 만나 부모가 된 그때를 회상해 보았다. 그동안 아이들을 통해 참으로 행복했다. 늘 바쁘다는 핑계로 잘해주지도 못한다. 무엇이든 하겠다고 마음먹으면 밀고 나가서 끝을 보는 성격이라 가족들에게는 늘 미안하다.

전형적인 주부로만 생활하기엔 내 인생이 너무 아깝다는 생각에 직장을 선택했다. 사람이면 무슨 일이든 할 수 있다는 신념을 가지고 있는 사람이다. 하고자 하는 일이 있을 때는 직선으로 가면 편안하게 이룰 수 있건만 늘 굴곡이 심한 비탈길을 선택하여 목적지를 향하곤 한다. 편안한 길을 놔두고 왜 돌아서 가느냐는 사람도 있지만 험준한 산맥을 넘어 정상을 탈환했을 때 느끼는 스릴이 이런 기분이 아닌가 싶다.

'사랑합니다'라는 이 말은 여느 때보다도 요즘 자주 하게 되고 많이 듣는다. 직장이나 집안에서도 사랑한다는 말을 자주 한다. 사랑한다는 말은 쉬운 말이 아니다. 어떤 대상을 진정으로 좋아하고 존경하다 보면 사랑한다는 말은 저절로 나오게 되는 것은 아닐까. 어떤 일이든지 내가 선택한 일은 사랑한다는 마음이 들 정도로 몰입하고 열정을 쏟는다. 그 속에서 희열을 느끼고 행복을 찾는다.

아침에 화분을 받고 많은 생각을 하게 되었다. 나는 누군가에게 어떤 이유로건 도움을 받으면 얼마나 그 은혜에 보답했는지를 생각하게 된다. 그게 사람이 사는 도리라는 생각이다. 난분에서 꽃이 피고 온 힘을 다해 향기를 아낌없이 주듯, 나 또한 그러한 마음으로 살고 싶다. 사랑한다는 말은 보이지도 만질 수도 없지만, 그 위력 앞에 나는 한없이 무너진다. (2006)

# 의사화疑似花

휴일이라 친정에 다녀왔다. 아버님이 돌아가신 후 초하루마다 제를 지내는데 직장 일이 바빠서 참석을 못 하다가 모처럼 다녀왔다. 돌아오는 길에 사무실에 잠시 들렀다. 다음날이 교육이라 교육 준비를 점검하고 차와 간식을 준비하기 위함이다.

계절은 가을이다. 계절에 맞는 꽃을 사무실에 꽃꽂이를 하고 싶었다. 언제가 꽃가게에서 눈여겨보았던 들국화가 생각나서 꽃가게로 달려갔는데 들국화는 흔적도 없다. 주인을 불러 "제가 오늘 사고 싶은 꽃은 들국화인데요."라고 하니 주인은 들국화는 없다며 "이 계절에는 이 꽃도 좋지 않을까요."라며 화분 하나를 보여 준다. 바라보니 꽃은 아니고 잎인 듯하나 잎이 꽃처럼 보인다. 이것이 의사화疑似花라는 것이구나. 참 신기도 하다. 사람의 마음을 붙잡고 놓아 주지를 않는다. 꽃의 매력에 한참을 앉아서 들여다보았다.

넓은 꽃가게를 서성이며 다양한 꽃들을 살펴보았다. 가을 하면

국화인데 마음에 드는 꽃이 없다. 그냥 돌아설 수 없다는 생각이 들어서 먼저 본 그 꽃을 사기로 하였다. 값을 치르고 화분을 받으면서 꽃의 이름도 하나 적어서 붙여 달라고 했다. 오늘부터 내 가족의 일원이 될 터인데. 작은 하얀 팻말에 '포인세티아'라고 적혔다. 이름에서부터 이국적인 멋을 느낄 수 있었다. 집에 와서 식물도감을 찾아보니 원산지가 멕시코였다. 붉은빛은 크리스마스쯤에 가장 아름답고 선명하게 피기 때문에 주로 성탄절을 장식하는 꽃으로 널리 알려졌다고 한다.

다음 날 아침, 직원들이 새로운 꽃의 팻말을 보며 가족의 이름을 기억하듯 포인세티아의 이름도 불러준다. 그런 즐거움도 얼마 가지 못했다. 잎이 나날이 시들어가는 것이 아닌가. 그 모습을 볼 때마다 잎이 오그라드는 것처럼 내 마음도 아팠다. 무엇이 이 꽃을 이렇게 힘들게 하는가.

버려진 화분도 생명이 있기만 하면 집에 가져와서 정성을 다해 꽃을 피워내는 나로서는 이 꽃이 아픈 것에 대해 고민하기 시작했다. 영양이 문제인가 싶어서 녹차를 우려낸 물을 주기도 해보고 인삼가게 들러서 인삼을 짜냈던 물을 가져다주기도 하였다. 그런데도 살아날 기미가 없다.

화분을 음지에서 양지로 옮겨 보았다. 따뜻한 햇볕이 들어오고 통풍이 잘되는 창가이다. 그런데 며칠이 지나자 시들어가던 줄기에 물이 오르고 떨어진 잎자국에 새로운 잎이 돋아나서 자라는 것이 아닌가. 신통했다. 죽은 줄 알았던 자식이 살아서 돌아온 기분이 이럴까 싶다. 외근을 마치고 사무실로 돌아오면 소진해진 에너지는 이 꽃에서 충전이 되었다. 나를 보고 웃어주는 착각마저 느꼈다.

'자식이 아프면 어머니는 반은 의사가 된다'던가. 나는 시들어가던 이 꽃에 관심을 가지고 포인세티아에 대한 모든 것을 알고 싶어졌다. 튼실한 꽃나무로 키우기 위해 화훼도서를 뒤적이게 되고 정보를 받고 싶어 꽃집에도 자주 들렀다. 공부하면서 뒤늦게 알게 되었는데 이 꽃을 키우는 과정은 다른 꽃처럼 똑같이 하는 것이 아니었다. 어릴 적에는 따뜻하고 햇볕이 잘 드는 곳에 두어야 하고, 어느 정도 자라고 나면 빛을 차단하고 냉기가 흐르는 곳에 두어야만 윗부분의 녹색 잎이 특유의 붉은 색으로 물들 수 있다고 한다. 만약 햇빛이 조금이라도 새어 들어가면 붉은 잎에 얼룩이 생겨서 특유의 신비로움은 옅어진다고 들었다.

자료를 찾아보니, 멕시코의 한 마을에서는 크리스마스이브에는 어린 예수에게 선물을 주는 풍습이 있다고 한다. 한 소년은 선물하고 싶은 마음은 간절했으나 가난해서 아무것도 선물 할 수 없었다 한다. 들로 나가서 눈이 쌓인 곳에 무릎을 꿇고 간절히 기도를 하고 고개를 들어보니 소년의 앞에는 붉은 잎들이 달린 아름다운 나무 한 그루가 자라났다고 한다. 소년은 그것을 아기 예수께 선물을 드렸다고 한다. 멕시코 주재 초대 미국대사이며 식물학자인 조엘 로버트 포인 세트의 이름을 따서 포인세티아라고 불렀다 한다. 그는 1828년 멕시코에서 아름다운 식물을 발견하여 미국으로 옮겨갔으며 미국에서는 그를 기념하여 이름을 '포인세티아'라고 불렀다 한다. 꽃말은 '내 마음은 불타고 있어요'라나. 추운 겨울인데도 이 꽃을 보고 있노라면 내 마음이 언제나 따뜻함이 느껴진다. (2008)

# 세상에서 하나뿐인 집

어릴 때부터 글쓰기를 좋아했다. 지금 생각해보면 초등학교 2학년 때의 일이다. 노트에 띄어쓰기를 하지 않고 똑같은 크기의 글자로 노트 정리를 했다가 혼이 난 적이 있다. 선생님께 지적을 받았는데도 기분이 상하지 않았다. 하고 싶은 일이 있으면 세상이 두동이 나도 꼭 하고야 마는 근성이 있다. 작은 체구에 어디서 저 힘이 생기는지 주위에서 많은 이야기를 들으면서 성장했다.

직장이 식품회사라 각종 행사가 연이어 생긴다. 행사 매대 연출을 위해 여러 가지 도구를 사용하지만, 그중에 POP 글씨는 행사 매대 연출을 하는데 중요한 역할을 한다. POP(point of purchase advertising)는 구매시점광고를 말한다. 즉, 고객이 제품을 구매하는 장소에서 이루어지는 모든 형태의 광고이다. 매대를 돋보이게도 하지만 매출에 많은 도움을 가져온다. 오죽하면 POP는 무언의 요술 방망이라 할까. 행사사원이 없어도 감성이 듬뿍 담긴 글씨체로 문구를 예쁘게 써서 붙이면 사람들의 눈길이 그곳에 머문다.

나는 가끔 내가 하는 일이며 내 위치에서의 역할을 잘하고 있는지 동영상을 촬영해서 모니터링을 하기도 한다. 잘한다고 칭찬만 하지 아무도 지적을 해주는 사람이 없기에 자신이 하는 일에 대한 평가는 나름대로 방식으로 체크를 하면서 채워갈 수밖에 없는 일이다. 제주도 모든 거래처가 내 거래처라 생각을 하기에 해야 할 일도 많다. 행사 매대에 필요한 풍선아트를 공부하고 감성글씨체 공부도 하였다. 주중에 시간이 없는 관계로 모든 것은 주말 특별반으로 이뤄지고 혼자만을 위해 특별하게 애써주시는 선생님이 고맙기만 하다. 선생님과 공부를 통해 삶에 기쁨이 더하는 것을 알기에 또한 감사한 일이다. 나이는 나보다 어리지만 알뜰하게 꾸려 가시는 걸 보며 그 속에서 어머니의 힘이 돋보이기도 한다.

주말 아침이면 출근 시간과 마찬가지로 서두른다. 글씨 공부를 하기 위해서이다. 한번 수업을 시작하면 주중에 시간이 없는 관계로 7시간에서 8시간을 꼿꼿하게 서서 공부를 한다. 주위에서 힘들지 않으냐는 말을 들을 때도 있지만 힘든 것보다 즐거움이 더 크다. 집중적으로 글씨 공부를 하다 보면 글씨를 통해 명상이 되고 휴식이 되어 일주일 동안의 피로가 사라지기도 한다.

POP공부는 평면POP와 입체POP로 나누는데 먼저 평면POP 공부를 하였다. POP 공부를 하다 보니 행사 매대 연출은 물론 직원들의 교육 자료로 활용을 하기도 한다.

평면POP를 마치고 입체POP 공부를 하게 되었다. 너무도 다양한 입체를 통해 새로운 세상을 살아가는 느낌이다. 근무하는 사무실 1층에 전자회사 물류센터를 임대하였는데 버려지는 스티로폼이 많았다. 재활용 방법이 없을까 하는 생각은 스티로폼을 볼 때마다 하게 되었다. 퇴근할 때 스티로폼 한 장을 자동차에 싣고 집으로 가져와서 만지고 또 만지다 보니 좋은 생각이 떠올랐다.

재활용품을 이용한 작품을 만들겠다는 마음이 굳어지고 일요일마다 스티로폼에 매달렸다. 처음으로 관심을 가진 것은 휴지통에 예쁜 집을 지어주는 것이다. 가족들에게 "휴지통 집을 만들어 주고 싶다"라고 하였더니 "사람이 살집도 부족한데 누가 쓰레기통 집을 만들어 주냐"며 농담을 하기도 하였다. 마음으로 결론을 내렸으니 만들 것이다.

세상에서 가장 아름다운 휴지통의 집을 만들겠노라 다짐하며 집의 모양을 구상하기 시작했다. 소품으로 이용할 다양한 꽃들과 음표, 낙엽, 단풍잎, 별, 하트 등 다양한 모양으로 본을 뜨고 다양한 색깔의 물감으로 채색을 하고 반짝이를 뿌리면 마감이 된다.

스티로폼에 줄자와 연필로 정확한 크기로 설계를 하였다. 순간 건축가라도 된 것처럼 마냥 신이 난다. 정확하게 재단을 해야 매끄럽게 붙일 수 있는데 자르는 게 순탄하지 않았다. 뜻하는 대로 자르기가 되지 않아 배고픈 것도 잊은 채 일은 계속 진행되고 마음은 한곳에 모인다. 집을 만드는 일이 잘 안된다며 속상하다고 투정을 부리니 "만들지 않으면 시간도 안 쓰고 마음도 안 버릴 텐데 왜 그렇게 힘들어하냐"며 남편이 면박을 준다. 그래도 포기하지 못했다.

많은 시간을 고민 끝에 결정했기 때문이다.

자르고 또 자르다 보니 백설 같은 스티로폼으로 집의 틀은 다 만들었다. 그 집을 어떻게 꾸며야 아름다운 집이 완성될까. 물감을 이용해 예쁘게 채색을 하였다. 다양한 소품을 붙이고 보니 작은 우주 속의 예쁜 화단을 보는 듯하다. 문패를 달아줘야 하는데 어떤 모양으로 만들면 좋을까. 여러 가지 모양을 구상하다가 예쁜 입체효과를 나타나게 하는 감성글씨체로 이름을 붙여 주었다.

휴지통의 집은 한편의 작품, 기대 이상으로 완성되었고 누군가에게 선물하고 싶은 마음이 들었다. 내가 근무하는 직장의 사무실에 이 세상에서 가장 아름다운 휴지통의 집을 선물하기로 하였다. 이 세상 오직 한 개뿐인 휴지통의 집을. (2007)

# 작은 우주

일요일 아침이라 마음이 한결 여유롭다. 일어나자마자 컴퓨터를 켜고 '만화캐릭터' 검색을 하였다. 페이스 페인팅 공부를 하는 데 참고로 활용하기 위해서다.

페이스 페인팅(Face Panting)은 생일파티나 각종 기획행사를 할 때 쓰이고 얼굴에 메시지를 효과적으로 주고 싶을 때 주로 쓰인다. 파티의 뷰위기에 따라 연출을 하면 파티가 효과적이고 빛이 난다.

2002년 월드컵이 있을 때 내 딸이 얼굴에 캐릭터를 그린 것을 보고 배우고 싶다는 생각을 처음 하게 되었다. 직장동료들과 특별한 행사가 있을 때 페이스 페인팅을 하면 단합된 기분이 들고 마음이 새로워질 것 같아서 시작하였다. 공부하면 할수록 흥미롭고 그 매력에 몰입되는 듯했다. 물감과 붓만 있으면 너무나 다양한 세상이 펼쳐지곤 한다.

바람개비, 나비, 꽃, 잠자리, 꽃게, 문어, 고래, 애벌레, 뿡뿡이,

토끼 등 다양한 캐릭터를 공부하다 보니 동심으로 돌아가 마음이 늘 즐겁다. 공부를 마치면 내가 배운 것을 가지고 좋은 일에 사용하면 좋겠다는 생각에 더 많은 관심을 두게 되었다. 수업과정에서 배운 동물이나 곤충 또는 어린이 만화 프로그램이나 인터넷검색을 통해 다양한 캐릭터를 찾기도 한다.

공부하는 중에는 특별한 도구가 필요한 것은 아니다. 물감과 붓, 하고자 하는 마음과 내 손등이 공부를 할 수 있는 유일한 공간이다. 내가 경제활동 인구로 살아갈 수 있을 때 열심히 배웠다가 은퇴를 하여 시간이 많을 때는 내가 배운 것들을 가지고 사회복지시설에서 봉사활동을 하고자 하는 마음이 내 소망이기도 하다. 특히, 황혼기의 외로운 그들에게 따뜻한 마음으로 그들의 손등에 캐릭터를 탄생시키면서 그들의 입가에 미소를 볼 수 있었으면 좋겠다는 생각이 내 마음을 행복하게 한다. 그들의 유년 시절을 소환할 수 있는 아름다운 초원, 꽃과 나비, 잠자리 등을 손등을 통해 선사하면 잠시나마 유년의 회상에 젖을지도 모른다는 생각을 하게 되었다.

손등에 그림을 그리다 보면 내 손등이 꽃밭이 되기도 하고 벌, 나비, 잠자리가 꽃밭 위를 나는 하늘이 되기도 한다. 애벌레가 꿈틀거리는 나무의 어린 가지가 되기도 하고, 펭귄이 노니는 바다가 되기도 한다. 토끼가 마음껏 활동하는 푸른 초원이 되기도 하고 금붕어가 마음껏 헤엄치는 어항이 되기도 한다. 주먹을 쥔 손등에 펼쳐지는 다양한 캐릭터가 작은 우주가 되기도 한다.

페이스 페인팅은 손등에 그림을 그리는 것으로 시작한다. 손등에 펼쳐지는 다양한 세계를 경험하면서 혼자만 알고 지내기엔 아까운 생각이 들었다. 앞으로도 끊임없이 캐릭터를 모으면서 더 많은 공부를 할 계획이다. 물감과 붓만 있으면 내 손등에서 무궁무진한 세상을 연출할 것이다. 금방 날아갈 것 같은 잠자리, 튀어 오를 것만 같은 금붕어를 보면서 신기하기까지 하고 마음이 설렌다.

공부하는 과정의 즐거움이 이럴진데 다른 사람을 위해 나눠주면 얼마나 세상이 아름답고 행복할 것인가. 우울증이나 삶에 지친 사람들이 잠시 휴식을 취할 수 있는 시간이 되었으면 한다. 하나의 캐릭터가 그들에게 힘이 되고 안식처가 되길 바라는 마음이다. 즐거움은 나누면 나눌수록 커진다는 생각을 하니 내 마음이 이렇게 좋을 수가 없다.

마음이 부자가 된 것 같다. 나의 작은 수고로움으로 누군가가 즐겁고 행복해진다면 무엇을 망설이겠는가. 남녀노소 막론하고 내 마음 가는 곳이라면 천릿길도 마다하지 않을 것이다. 행복을 전하고 나눌 수만 있다면 두려움보다 더 많은 기쁨이 될 것이다.

훗날 내 손으로 그림을 그리며 그들과 함께할 시간을 생각하니 벌써 행복해 진다. 내 몸이 건강해야 함께 나눌 수 있기에 건강관리에도 세심해야겠다. (2007)

# 손으로 빚은 꽃

불교전통지화 전시회 오픈을 하고 일이 있어서 출장을 갔다. 불교의 지화장엄은 부처님께 공양을 올리거나 불교 의례를 봉행할 때 행하는 불가의 전통문화로, 사람의 손으로 꽃을 피워 부처님께 공양 올리는 것은 깨달음에 이르게 하는 수행의 한 방편으로 꼽힌다 한다.

출발하는 시간은 저녁 시간이었다. 공항에 도착해 보니 눈이 펑펑 내리고 있었다. 어디선가 루돌프가 달려 나올 것만 같은 그런 광경이었다. 따뜻한 지방에서 살다가 추운 곳에서의 비행기 착륙은 몸과 마음을 움츠러들게 한다.

제주를 떠날 때는 햇빛이 보였으나 비행기에 탑승 후는 피곤이 몰려와 창밖을 보지 못했다. 출장을 마치고 돌아오는 길은 쌀쌀한 늦가을 같은 날씨였다. 손을 뻗으면 잡힐듯한 선명한 구름 뭉치, 푸른 바다처럼 보이는 하늘 풍경, 언뜻언뜻 보이는 햇볕은 따사롭기만 하다.

비행기 안에서 보이는 이 광경들은 아마도 천상의 나라의 모습인가 싶다. 파란 하늘, 하얀 구름, 따사로운 햇볕 사이로 화려한 꽃들이 톡톡 피어나는 모습을 보는 착각을 일으켰다. 제주에 전시하고 있는 꽃들이 바로 저 모양인 듯하다.

천상에서의 하늘, 구름, 고요함에 어울릴 것 같은 꽃이 바로 지상에서 손으로 빚은 지화이다. 언뜻언뜻 보이는 구름 사이로 화려한 꽃들이 보이는 듯하다. 그 속에서 어린아이 웃음소리, 노인의 평온한 미소, 어머니의 따뜻한 얼굴, 듬직한 아버지의 모습, 꽃밭을 사이에 두고 어린이들이 뛰노는 모습을 상상하기도 한다. 나비와 벌들도 보이는 것만 같고 새들의 노랫소리도 아름답게 들려오는 것만 같다. 지금 20여 일이 지났는데도 눈만 감으면 동화처럼 피어오르는 천상의 나라가 보인다. 언젠가 한 폭의 그림으로 담고 싶은 마음이다. 그때 보았던 천상의 풍경을 가슴속에 품었다가 언제든지 감상하고 싶을 때는 혼자서 조용하게 꺼내보려 한다.

한지를 이용하여 사람의 손끝으로 탄생하는 종이꽃의 신비함에 스스로 감탄했다. 어린 시절 보았던 꽃들, 한 번도 본 적이 없는 마음속 상상의 꽃도 만들었다. 원하는 색을 위해 물을 들이고 탈색을 하기도 하고 주름을 넣기도 한다. 모양의 다양성, 색의 아름다움은 신비로움 그 자체다.

종이를 재단하고 모양을 접고 풀을 붙이며 한 송이 꽃을 완성할 때의 첫 느낌은 환희라고 말하고 싶다. 그런 기쁨으로 세상을 살아간다면 무엇이든 마음에 품을 수 있을 것 같고 모든 어려운 일들도 가슴으로 받아들여 무슨 일이든 평정 할 수 있는 힘이 솟아날 것이다. 긍정의 힘이라고나 할까. 내 몸속에서 존재하는 보이지 않는 모든 세포가 하나하나 생기가 도는 걸 직감한다. 이 마음이 진정 행복한 마음이 아닌가 하는 생각이다.

지화는, 스님의 지도로 회원들의 힘으로 만들어가고 있다. 꽃을 만드는 시간에는 꽃들이 화려함 못지않게 회원들의 웃음꽃도 가득하다. 불교 전통지화를 시작으로 만들어졌는데 올해에는 생활꽃 부분이 많았다. 꽃의 모양도, 색상도 더 다양해졌다. 회원들이 모이는 장소에는 시간이 흐를수록 많은 꽃이 탄생하여 종이꽃밭이 늘어난다. 그 꽃밭 속에서는 꽃향기가 물씬 피어오를 것 같아 나도 모르게 꽃 속에 얼굴을 묻고 있어서 놀라기도 하였다. 종이꽃밭 사이로 벌이 날아오를 것 같고, 연잎 위로 개구리가 튀어 오를 것만 같다. 노란색 나비가 나풀나풀 꽃송이 위에 사뿐하게 내려앉는 착각을 일으키기도 하였다. 꽃이 아름다움에 바람도 잠시 머물렀다 갈 것만 같아서 연밥의 단단한 가지에 작은 풍경이라도 걸어주고 싶은 마음이다. 그 시간은 행복하였고 나는 종이꽃을 지속해서 만들 것이다. 행복도 꽃의 다양함에 따라 깊이와 무게가 다를 것이라는 생각이다.

꽃 중에는 생화가 최고라 여겼는데 종이꽃 또한 그에 못지않다는 것을 꽃을 탄생시킬 때마다 느꼈다. 사람의 손끝이 섬세함은 위대함이었다. 시간이 날 때는 손을 자주 감싸게 된다. 손을 가꾸는 일도 꽃을 만드는 일처럼 소중하게 생각한다. 아름다운 꽃도 손을 통해 탄생하기 때문이다. 꽃이 주는 행복은 돈으로 살 수 없는 행복이다. 작품마다 꽃술, 꽃잎, 꽃받침, 줄기, 잎사귀들은 사람의 손으로 탄생하고 손으로 만지면 만질수록 종이꽃은 더 화려하게 변신하고 생명이 있는 것처럼 보인다.

늘 긍정의 힘으로, 웃음 가득한 얼굴로, 따뜻한 가슴으로 살아간다면 이런 게 꽃마음이 아닐까 싶다. 종이꽃을 만들면서 더 선한 에너지를 많이 받아서 내 얼굴도 한 송이 꽃처럼 활짝 피어나게 만들고 싶다. 주위의 모든 사람을 나의 향기에 취하게 만들고 싶다는 생각을 감히 조심스레 품어본다. (2013)

# 화초의 수난

꽃가게에 들렀다. 꽃가게 주인이 화분에 심어있는 예쁜 선인장을 키워보라며 주었다. 평소에도 가끔 들렀지만, 오늘의 선물은 뜻밖이다.

가슴에 알 수 없는 설렘이 일어난다. 작은 화분을 손에 들고 파란 하늘을 올려보았다. 하늘에는 하얀 뭉게구름이 흐르고 모든 것이 감사하고 아름답게만 느껴진다. 집에 와서 화분을 거실장 위에 올려놓았다. 현관을 나고 들 때면 우리 가족의 일원이 된 선인장을 언제나 눈 맞춤을 한다. 동물이든 식물이든 생명이 있는 것은 무엇이든 소중하다는 생각이다.

어릴 적부터 식물에 관심이 많았다. 초등학교 시절, 지금처럼 관상식물이 많지 않을 때는 들에 피는 풀꽃도 화분에 심어서 방안에 옮겨 놓았다. 가을에는 영근 이삭들을 잘라서 방안에 걸어놓았던 기억이 지금도 생생하다.

결혼하고 작은 아파트에 살고 있을 때의 일이다. 손수 뜨개질을 한 하얀 레이스 커튼을 타고 아이비가 올라갔고, 그 뒤를 이어 스킨다빈스의 순이 뒤질세라 쑥쑥 올라간다. 거실 한쪽에는 문주란 등 7~8종의 난 꽃들이 내뿜는 향이 가득했다. 아침에 일어나면 아이를 돌보듯 화초를 돌보는 것으로 하루를 시작한다.

여름 어느 날 친정어머니가 오셨다. 잘 키워진 화초들을 바라보며 이것들을 어떻게 관리해서 야들야들하게 키웠냐며 흐뭇한 표정을 지으신다. 관상식물을 좋아한 지는 꽤 오래다. 내 자식처럼 마음이 간다. 화초의 모습만 보아도 어느 정도 파악이 된다. 물을 고파하는지, 영양이 필요한지를 알 수 있다. 가끔은 꽃집에 들러서 영양제도 사다가 꽂아준다. 말을 주고받을 수 없지만, 그들만의 언어로 교감을 한다. 며칠 일이 있어서 집을 비울 때면 이웃에게 부탁한다. 문을 열어 통풍을 해주고 물도 고프지 않게 방법을 잘 알려주면서 자식을 맡기는 기분이 든다.

언젠가 아이들만 집에 두고 외출을 하고 돌아와 보니 동네 친구들을 여럿이 초대해 있었다. 집안은 식물원을 방불케할 정도 식물들이 많았는데 집안이 온통 아수라장이 되었다. 식물들의 잎이 찢어지고 부러지고 휘어지고 화분이 엎어지고, 회오리가 강타한 그 모습이었다. 식구가 사고를 당한 어머니의 마음이 이럴까. 전신에 아릿한 통증을 느끼며 에너지가 갑자기 소진되어 일어설 수가 없었다. 사고를 당한 화초의 잎에서 부러진 줄기에서 아프다는 신음이 힘없이 들려오는 듯했다. 참 난감하다. 이를 어쩌면 좋을까. 아이들이 다친 거라면 응급실로라도 가는데 막막하기만 하다. 상처가 있는 곳마다 진물이 흐른다. 그것을 보는 순간 나를 보면서 애원하는 소리가 들렸다.

넋을 놓고 한참을 앉아 있다가 도구를 찾았다. 화초들을 치료하기 위해서이다. 경험이 없는 초보자이지만 구해야 한다는 열의와 정성만큼은 누구보다 강하다. 나무젓가락, 크리넥스, 바늘실 등을 준비하였다. 진물이 마르기 전에 응급처치해야겠다는 조급한 마음이 들었다. 부러진 잎들을 제자리에 맞추어 화장지로 감싸고 나무젓가락을 부목으로 사용하여 실로 묶었다. 응급처치를 마친 식물들은 꽃들이 놓여있는 안쪽 안전한 장소로 자리를 옮겼다. 하루도 빠짐없이 환자를 돌보는 마음으로 다친 화초들을 돌보면서 얼마쯤 시간이 흘러 부목을 풀었는데 잎이 찢긴 자국은 남았지만, 회복되었다. 그 후 많은 화초 중에는 보답이라도 하는지 꽃을 피워서 내 마음을 기쁘게 한다.

지금은 15년이 지났다. 어디를 가나 바람에 찢긴 식물의 잎만 보면 부목을 대고 묶어주고픈 마음이 꿈틀거리는 자신을 보며 화초와 더불어 '원예치료사'가 되었나 하는 마음이 들어 순간 놀라기도 한다.

오늘따라 가을 햇볕이 유난히 따사롭다. 옛 시인은 '가을날 따사로운 볕을 임에게 쪼이고 져'했던가. 하지만 따사로운 볕을 보면 식물들과 나누고 싶은 마음이다. (2005)

# 장미꽃 축제

겨울 날씨가 포근하다. 이상 기온 현상으로 노란 개나리가 수줍은 듯 피어있다. 봄에 보는 느낌과는 사뭇 다르다.

아침에 일어나니 온몸이 욱신거린다. 행복지수가 올라가는 거로 보아 장미꽃 축제의 기간이 임박해짐을 짐작할 수 있다. 주위에서 웅성거림이 이어진다. 이 행사는 한 달에 한 번 주인공 1인만을 위해 부산스럽게 준비한다.

며칠 전부터 주위의 꽃밭에서는 어여쁜 꽃들이 도란도란 피어나고, 물오른 봉오리에서는 기름진 유분으로 메마른 대자연의 비옥한 토양을 제공한다. 흐드러지게 피고 지는 검붉은 장미, 장미는 젊음의 꽃인가.

나만을 위한 장미꽃 축제의 시작은 사춘기 때부터이다. 처음에는 두렵고 불안하였지만 설렘도 있었다. 부끄럽고 수줍음이 많아 자랑할 수는 없었지만 스스로 나 자신을 감싸주었고 더욱더 자신의 소중함을 알게 되었다. 축제의 주인공이 되었다는 것은 이 세상 그 무엇과도 비교할 수 없었다. 나 자신이 많은 변화를 가져왔다. 거울을 자주 보게 되고 몸에는 부분적으로 볼륨도 나타났다. 투명했던 나의 생활에 비밀을 갖게 되고 나만의 공간을 원하게 되었다.

지금은 중년의 자리에서 사춘기 딸의 어머니이고 보니 딸아이를 보면서 지난날 나를 보는 듯 감회가 새롭다. 이 아이는 축제를 주기적인 생리현상으로 여기고 있는 듯하다. 축제에 필요한 도구를 아버지께도 도움을 청하고 가끔 오빠한테도 부탁하는 것을 보면서 나의 사춘기와 사뭇 다르다는 생각이다.

우리는 오늘 어깨를 나란히 하고 인터넷검색에서 '월경'에 대한 자세한 출력을 하고 읽으면서 각자의 증상에 대해서도 의견을 나누었다. 내가 왜 월경을 '장미꽃 축제'라고 이름을 붙였는지도 말해주었다. '월경'하면 남한테 말하기가 좀 쑥스러운데 '장미꽃 축제'가 진행 중이라는 말은 말하기도 편하고 듣는 이도 어색하지 않아서 나름대로 많은 생각 끝에 붙여진 이름이다. 여성에게 있어선 아름답고 소중하기에 그에 걸맞은 이름을 고민하다가 붙여 보았는데 부를 만하고 들을 만하다.

둘은 그렇게 뜻을 같이할 수 있었고, 그 정서에 젖었다. 오늘따라 곱게 빗어 뒤로 넘긴 딸의 긴 머릿결이 얄미울 정도로 빛이 난다. 모녀가 아닌 같은 여성으로서 말이 계속 이어진다. 이 행사가 있기에 이 세상 인간은 존재하고 역사는 이루어질 것이다. 그러기에 항상 소중하게 받아들여야 하는 거라고 말을 한다.

어느새 자정이 지났다. 금가루가 쏟아질 듯한 하늘 아래 세상은 고요하다. 문득 떠오르는 시詩를 적어본다.

여자라는 이름으로
황홀하게 피어나는 꽃

빈부의 차이를 넘어선
평등의 꽃

때가 되면 피고 지는
인생의 꽃

여전히 축제는 진행 중이다. 앞으로도 행사가 계속 이어질 것이다. 세월이 흘러 시대가 변하여도 달라질 수 없는 축제, 나는 장미꽃 축제가 소중하다. (2007)

# 촛불을 그리다

오늘도 촛불을 그렸다. 요즘에 새로운 버릇이 생겨서 하루의 일과를 돌아보면서 고마운 사람을 위해 촛불을 그리는 습관이 생겼다. 예전에는 그냥 지나쳤는데 요즘은 고마운 사람이 자주 보인다. 하루를 마감하면서 내가 받은 고마움을 무엇으로 보답하는 방법이 없을까 궁리를 하다가 감사의 마음을 촛불로 담아내고자 그림으로 표현하였다.

고마운 사람에 대한 촛불을 그리다 보면 그때의 기억을 떠올리게 되고 고마운 감정이 일어난다. 촛불을 그리는 동안은 오롯이 그 사람을 생각하면서 그리기 때문에 잡념이 들지 않는다. 촛불을 통해 그 사람을 위한 기도가 되는 것 같기도 하다. 지속해서 그리다 보니 지금까지 살아오면서 내가 받았던 고마움이 이루 말할 수 없이 많다는 것을 깨달았다. 그들이 조용히 나를 위해 도움을 주었기 때문에 오늘의 내가 있지 않았나 싶다.

촛불을 그리다 보면 마음이 따뜻해지고 긍정의 에너지가 일어나며, 그로 인해 마음의 근력이 좋아지고 모든 것을 수용하는 마음이 커진다.

많은 사람이 삶이 힘들다고 말한다. 내가 생각하기에는 힘들다고 함은 자신이 마음 상태에 따라서 달라진다고 본다. 마음 상태가 행복하면 아무리 힘든 일을 해도 행복해 질 수 있다. 순간의 마음 상태가 모여서 인생의 방향도 달라진다는 것을 알았다. 내 마음이 행복해야 함께하는 모든 사람에게도 행복을 나눌 수 있다.

요즘 행복한 삶을 살기 위해 다양한 공부를 한다. 촛불을 그리는 일도 그중의 하나다. 촛불을 그리다 보니 어머니에 대한 감사한 마음이 멈춰지지 않아 태내기적 나의 모습이 궁금했다. 그래서 어머니 자궁 속에 나의 모습을 그린 적이 있다. 자궁 속에 나를 본 적도 없는데 무의식적으로 그림을 그렸다. 매체를 통해 보았던 자궁 속의 태아들은 웅크리고 있는 모습들이었다. 그런데 내가 그린 어머니 자궁 속의 태아는 살며시 눈을 감고 미소를 지으면서 어머니와 교감하는 듯한 그림이었다. 손에는 꽃다발을 들고 있었다. 이 그림이 너무도 생생하여 자주 생각을 하게 된다. 내가 그린 그림을 통해 인생의 시작은 어머니의 자궁 속에서부터 시작된다는 큰 깨달음을 얻었다. 태내기 모습을 보면서 어머니의 마음 상태를 느낄 수 있었고 어머니에 대한 감사하는 마음이 솟구침을 알았다. 지금은 어머니를 어머니!라 부르고 싶어도 대답할 수 없는 먼 곳으로 가셨지만, 어머니와 교감을 하면서 나누었던 많은 느낌은 아직도 생생하다.

오늘 밤은 어머니가 무척 그리운 밤이다. 어머니 살아생전에 주신 사랑을 그 무엇으로 대신할 수 없겠지만 조금이나마 보답하는 마음으로 어머니의 촛불을 그리고 싶다. 어머니의 사랑을 그리고 싶다. 어머니의 시를 쓰고 싶다. (2019)

### 어머니의 촛불

어머니가 그리워 촛불을 그려봅니다
어머니가 주신 사랑을 촛불에 담아
세상에 어둠을 밝히는 사랑의 빛이 되고 싶습니다

어머니의 온화함을 촛불로 그려봅니다
어머니가 주신 따뜻한 미소를 촛불에 담아
세상살이 힘들어하는 사람들에게 포근한 빛이 되고 싶습니다

어머니의 고우신 얼굴을 촛불로 그려봅니다
어머니의 부드러운 음성을 촛불에 담아
마음에 상처받은 사람들에게 편안한 음성을 전하고 싶습니다

# 춘란의 친구

사무실 양지바른 곳에 나무와 화초들이 싱그럽게 모여 있다. 식물에 관심이 많아 바람결에 날아든 잡초일지라도 흙이 필요로 하는 식물이면 그것 또한 화초라 생각하며 정성을 들인다.

얼마 전, 춘란 옆에 십 원짜리 동전 크기의 하트 한 닢이 가녀리게 돋았다. 어디서 씨앗이 날아왔는지 실내에 있는 분속에 웬 초록의 잎 하나가 사람을 궁금하게 하면서 관심을 끌고 있다. 출근하면 제일 먼저 그 잎부터 바라보게 된다. 주말에 목마르지 않게 금요일마다 식물에 물을 주고 퇴근을 하는데 춘란분에 더 많은 눈길을 보낸다.

얼마 전 문우를 만나러 갔다가 춘란을 선물로 받아왔다. 꽃을 좋아하는 나였지만 그때만큼은 받고 싶지 않은 마음이 컸다. 꽃이 싫어서가 아니라 꽃을 좋아하는 사람이 정성껏 키운 터라 환경을 바꿔서 적응이라도 하지 못할까 걱정이 앞섰기 때문이다. 몇 번이나

거절하였으나 꼭 선물하고 싶다면서 강하게 권하기에, 뿌리치는 것도 예의가 아니라는 생각에 조심스레 받고 왔다. 춘란을 식물의 무리 속 가장 좋은 위치에 편안하게 적응할 수 있도록 자리를 잡았다. 그런데 춘란 두 촉 중에 한 촉이 이유 없이 잎이 갈색으로 변해 버렸다. 춘란을 키우는 일은 나의 능력 밖의 일인가 하면서 큰 잘못을 저지른 것 같은 마음에 미안함이 하늘에 닿았다.

말을 하지 못하는 어린애를 데려다 놓고 마음을 헤아리지 못하여 아프게 만든 것 같아 마음이 편치 못했다. 나머지 한 촉도 건강을 잃으면 어떡하지. 불안한 마음에 난분의 위치를  바꿨다. 식물과 식물 사이 숲속 같은 공간, 통풍이 잘되는 양지바른 창가로 옮겼다. 남은 한 촉은 나의 마음을 자꾸 식물의 무리 속으로 끌어들였고 시간만 되면 대화를 했다. 눈을 맞추면서 주인을 잘못 만나서 힘들게 하는 것 같아 미안했다. 차를 마실 때도 찻잔을 들고 그곳에서 마셨다. 모두가 퇴근하고 텅 빈 사무실 저녁, 시詩낭송을 하고 싶을 때도 식물이 모인 옆에서 나직이 낭송을 하면 식물들이 박수와 웃음소리가 들렸다.

어느 날 쪼그리고 앉아서 춘란에 눈길을 주는데 남아 있는 춘란 한 촉 옆에 해바라기 씨앗크기의 연두빛 여린 순이 솟아 있는 것이다. 그 순간 나를 아는 모든 것에 고마운 마음이 들었다. 지금까지 미안한 마음이 순식간 사라졌다. 몸 속 구석구석에서 세포들이 열리는 소리가 들렸다. 형언할 수 없는 감동에 빠져서 거울을 보는데 보름달이 내려와 나를 보고 있었다.

식물도 사랑을 먹고 살아가는지 얼마 후 동전 한 닢만 한 그 잎이 또 다른 친구를 데려왔고 모양이 조금 갖춰져서 이름도 알 수 있었다. 아, 너였구나! 만나서 반가워 그것은 다름 아닌 나팔꽃이었다.

나팔꽃은 줄기식물이라 자꾸 줄기가 뻗어나간다. 꽃가게를 들러서 지지대를 구입하여 화분에 꽂아 주었다. 하늘 높은 줄 모르고 잘도 올라간다.  아마도 나팔꽃은 똑똑해서 엄마의 마음을 헤아릴 줄 아는 효자인 것 같다. 자식을 얻은 듯 부자가 된 마음이다.

춘란 분을 바라볼 때면 이제는 마음이 안온하다. 고마움, 행복, 감사, 나눔이란  긍정의 단어가 자꾸 솟구친다. 더불어 마음도 밝아진다. 연보라 꽃이 피어 오래가지는 않지만 꽃에 대한 사연들을 동료들과 나눌 수 있는 소통의 장이 되기도 한다.

한 송이가 피었다가 지고나면 동그란 진주만한 씨앗을 남기고 또 다른 꽃이 피어난다. 그러면서 여러 송이가 줄기를 타고 올라간다. 꽃이 피기 전 모습은 아가의 살짝 다문 입술처럼 옹알이를 할 것 같고 방싯 웃을 것만 같다. 아가처럼  꼭 안아주고 싶은 마음에 가슴이 포근하다. 내 마음이 전해졌을까 여러 송이 꽃들이 건강하게 피고 지는 것을 보면서 자식을 키우는 보람으로 가슴에 잔잔한 설렘이 흐른다. 꽃이 지고 난 자리에 동그란 씨앗 또한 기쁨의 산실이 된다.

주위에서 시들어가는 화분들을 받아다가 가꾸다 보니 이젠 풍성하게 작은 숲을 이루었다. 한여름에는 창가에 흐르는 바람을 받아서 나뭇가지가 흔들릴 때면 숲속에서나 느낄 수 있는 감미로운 바람이 스며들기도 한다.

나뭇가지에 작은 새장을 걸어 주었다. 그 속에서 새소리가 들린다. 식물들이 모여 일가를 이루는 것을 보면서 나도 저들과 더불어 자연인이 된 듯 마음도 푸른색으로 물들고 푸른 미소로 대하게 된다.

지금은 춘란에게 미안한 마음이 사라졌다. 외로운 춘란에게 나팔꽃이 찾아와서 좋은 친구가 되어 주었다. 자꾸 나팔꽃에 대한 얘기를 주절주절 하고 싶은 걸 보니 나는 아마도 나팔꽃을 사랑하였나 보다. (2015)

3부

# 내 마음은 봄

# 연꽃

퇴근하고 차와 빵을 준비했다. 친구와 함께 계획에 없던 드라이브를 하기 위해서이다. 농번기가 끝나고 보릿대를 태우는 냄새에 이끌려 한적한 시골길을 향했다. 길섶에는 보랏빛 수국만이 배시시 웃으며 우리를 반길 뿐 주위는 조용하다.

자동차를 타고 달리다 보니 민물 낚시터를 발견했다. 낚시터 옆 연못가 나무벤치에 앉아 준비한 간식을 먹으면서 하루의 일상을 잠시 잊는다. 하늘을 올려보니 푸른 하늘에는 뭉게구름이 유유히 흘러가고 시원하고 맑은 바람만이 내 마음에 스며든다.

낚싯대를 드리운 채 도란도란 이야기를 나누는 연인의 모습이 아름답다. 낚시터와 연못을 사이에 두고 동글동글한 자갈들이 깔린 길에 신발을 벗어 손에 들고 걷노라니 맨발로 냇가를 거닐던 유년의 기억이 주마등처럼 흘러가는 시간이다.

시절이 초여름이라 연못에는 꽃은 보이지 않았다. 진흙 속에서 피어오를 꽃을 기다리는 마음이 깊어서인지 연잎이 반들반들 정갈하다. 연못에는 대나무, 부들 등의 수초들로 가득하다. 물 위에 두둥실 떠 있는 듯한 연잎 위에서는 어디선가 개구리가 튀어 오를 것만 같고, 백로가 고고한 자태를 자랑하듯 뽐내며 서 있는 모습도 상상해 본다.

연못 위를 뻐꾸기가 노래를 부르면서 날아간다. 연못에는 유유히 헤엄치면서 연잎을 헤치고 여유로움을 즐기는 물오리의 모습이 보인다. 앞으로 연못 가득 피어오를 연꽃을 상상하노라니 마음이 설렌다.

피어 있는 꽃을 유독 좋아하지만 그중에 연꽃을 무척 좋아한다. 꽃의 꽃말은 '당신이 아름다운 것처럼 마음도 아름답다'이다. 연꽃은 불가에서는 속세에 살아가면서도 더러움에 물들지 않고 '고결한 성스러움'을 상징하는 꽃이라고 들었다. 어쩌면 지금 나의 모습도 속세의 밑바닥에 한 알이 씨앗으로 떨어져 연못 깊은 곳 진흙 속에 묻혀 있지만, 그 속의 환경을 탓하지 않고 언젠가 피워낼 한 송이 꽃이 되려 한다. 홍련이든 백련이든, 나의 삶을 사랑하는 사람들에게 보여주고 싶다.

여기는 지금 한 송이 꽃도 피어 있지 않다. 그 속에서는 여름날 아름다운 꽃을 피워 올리기 위한 소리가 가만가만 귓전에 들려오는 듯하다. 연못도 긴 기다림을 배우며 태교하는 어머니 모습처럼 보인다. 아름다운 새소리와 지나가는 바람 소리가 좋은 태교가 되어 아름다운 연꽃이 피어오를 것만 같다.

물 위에서 여유롭게 노니는 물오리, 물속에서도 젖지 않고 피어나는 풀벌레들의 속삭임에 귀 기울이고 있노라니 마음에서 한 편의 시詩가 쓰고 싶다.

연못 깊은 곳 진흙 속의 연꽃이여
세상을 향해 피어오를
그날을 꿈꾸는 그대의 모습
내 가슴에 스며든다

진흙 속에서 비상을 꿈꾸며
풀꽃의 흔들림에도 귀 기울이며
고요히 꿈을 꾸는 그대는
꽃과 씨를 동반하여 비상하는
꽃의 여왕이로구나

진흙 속에서도
고결한 모습으로
우아하게 피어나는
향기로움 가득하여라

진흙탕 속에서 잉태할 연꽃을 상상하며 내 아이들을 생각하게 된다. 시간이 흐를수록 편리함을 추구하다 보니 환경은 점점 메말라 가고 있음을 느낀다. 깊은 연못의 진흙 속일지라도 자신을 진흙에 묻혀 버리지 않고 고결하게 피워서 세상을 밝히는 연꽃 같은 아이들이 되기를 소망하는 시간이다. (2005)

# 느림의 세계

거리에는 옅은 안개가 깔려있다. 바라다보이는 곳에는 벚꽃, 목련꽃으로 누가 봄이라 하지 않아도 봄을 느낄 수 있다. 바쁜 생활을 하다 보니 동네를 돌아다니는 것도 잊고 지낸다. 주변에 볼거리가 많은데도 어디로 나가고 싶을 때는 자동차를 이용해서 먼 길을 나서야 하는 것처럼 말이다.

어제는 흰색 줄이 두 개 그려져 있고 발가락도 보이는 여름용 검정 슬리퍼를 꺼내어 일부러 양말을 벗은 채 신고 나섰다. 가벼운 차림으로 머리만 빗고 민얼굴을 하고 현관도 잠그지 않고 나섰다. 내 몸의 모든 것, 마음속까지도 자유를 주고 싶다는 생각이 들어서이다. 이렇게 마음을 준비하고 나니 행동도 가벼워지고 걸음 또한 가벼워진다. 묶여 있는 것을 다 풀어서인지 마음이 한결 가볍고, 하늘에 구름도 보이고 새들의 소리도 노래처럼 들린다. 마음도 몸도 홀가분하니 세상의 모든 사물도 편안해 보인다.

동네를 느린 걸음으로 돌아다니면서 느낄 수 있는 것들은 자동차를 이용할 때 볼 수 없었던 것들이다. 동네 벽에 그려진 벽화도 가까이에서 부분별로 감상할 수 있고, 꽃송이가 그려진 그림에는 나비와 벌이라도 그려놓았으면 향기를 느낄 수 있을 터인데 하는 마음도 혼자 가져 보기도 한다. 나뭇가지에 앉아있는 새나 날아오는 새의 그림도, 나무의 밑동 돌틈 사이에는 제비꽃이나 작은 꽃 그림도 그렸으면 사람들의 마음이 좀 더 행복하지 않았나 하는 생각을 가져 보기도 하였다.

평소에 입고 다녔던 복장보다 허술한 모습으로 동네를 한참을 돌아 집으로 돌아오는 길에 민들레꽃이 인도블럭 사이에 피어 있는 것도 보았다. 생각의 여지도 없이 가던 길을 멈추고 쪼그리고 앉았다. 앉으면서 슬리퍼 앞쪽으로 하얀 발가락을 보게 되었는데 움찔움찔하면서 발가락이 웃는 것처럼 보였다. 막힌 구두 속에서 종일 캄캄하게 지내다가 오늘 모처럼의 세상 구경을 하는 것인가. 순간 미안한 마음이 들었다. 손으로 발가락을 어루만졌다.

민들레 꽃송이를 세어보았다. 여섯 송이의 꽃을 달고, 잎은 스물일곱 개, 꽃이 지고 씨를 준비하는 것은 두 개였다. 꽃은 한 송이도 다친 곳이 없고 온실 속에서 피어난 것처럼 예쁘다. 꽃이 안전은 잎이 있어서 가능하지 않았나 하는 생각을 가져 본다.

요즘에는 가는 곳마다 토종 민들레는 보기 어렵고 서양 민들레가 많이 피어 있다. 이른 봄에 채취한 어린잎은 나물이나 국거리로 사용하고, 잎은 쌈으로, 튀김이나 즙을 내어 먹기도 한다. 한방에서는 약재로도 쓰이고, 민간요법으로도 많이 사용하여 우리들의 삶에 쓰임이 많다. 또한 말린 후 저장하였다가 차나 건강식품으로 많이 사용한다고 한다.

민들레는 3월에서 5월까지 꽃이 피지만 가을까지도 조금씩 볼 수 있다 하고, 꽃말은 '행복'이라고 한다. 한참을 쪼그리고 앉아서 요리조리 살펴보면서 시간 가는 줄을 몰랐다. 잎도 줄기도 꽃잎도 꽃받침도 뽀송뽀송하게 피어난 잔털도 노란 꽃송이도 너무 예뻐서 집에 가져오고 싶었으나 가져올 수가 없어서 카메라에 모습을 담고 왔다. 혼자의 행복을 위해 집으로 가져오면 한사람만의 행복이지만 이 길을 오가는 사람들이 민들레를 바라보는 마음이 나와 같다면 많은 사람에게 행복을 줄 수 있다는 생각이 잠시 스친다. 인도블럭 틈 사이에 피어 있는 한 포기의 민들레가 나에게 기쁨을 주는 따뜻한 봄이 오래 지속되었으면 하는 생각을 하니 내 마음에도 봄기운이 가득하다. (2014)

# 한라산의 사월

한라산에 올랐다. 직장동료들이랑 오랜만에 산행이다. 계절이 봄인지라 일기는 포근하다. 아침에 일어나니 컨디션이 좋지 않았다. 산을 오를 수 있을까 하는 마음이 들었는데 산 입구에 들어서자 숲속에서 이는 바람 소리가 산에 왔음을 실감 나게 해주었다.

얼마 만이던가. 작은 가방을 짊어지고 마음은 비웠다. 목적지는 한라산 1,700고지에 있는 윗세오름이 오늘의 목적지다. 한라산의 정상은 자연환경 훼손으로 인해 입산이 금지된 상태라 윗세오름에서 정상인 백록담을 보고 내려올 수밖에 없었다.

산에 오르기엔 조금 늦은 시간이지만 서두르지 않았다. 천천히 뚜벅뚜벅 산을 향해 오르면서 나는 많은 생각에 잠겼다. 영실코스로 올라가다 보면 깎아지른 듯한 병풍바위와 오백나한이 있는 곳을 바라보며 통과하게 된다. 봄철의 한라산은 철쭉과 진달래가 장관을 이루는데 아직 꽃을 보기에는 시간이 이른 봄이다. 골짜기마다 잔설이 남아있고, 산새들이 여유롭게 날갯짓하고 있다.

하늘은 맑고 푸르다. 볼에 스치는 바람은 감미롭다. 가끔 차가운 기운을 이겨내고 엎드린 듯 작은 풀꽃들도 피어있다. 내가 가야 할 목적지는 저기 보이는데 가파른 언덕을 오를 때는 힘이 들다. 오르는 길목에는 눈 녹은 물로 가끔 질퍽거리기도 한다. 하지만 가끔 마주치는 사람과 나누는 인사, 안면은 없지만 "안녕하세요."라면서 인사를 나누었고 그 인사 한마디가 큰 힘이 되었다. 힘이 들어 주저앉고 싶지만 나는 오늘의 목적지를 꼭 가야 한다. 직장동료들과의 동행이지만 최종적으로는 내가 선택을 했다.

요즘 직장 일로 밤잠을 설칠 때가 부쩍 늘었다. 얼마 전, 새로운 거래처를 담당하게 되었다. 내가 처음 방문하고 느낀 것은 모든 부분이 열세하다. 아무리 둘러보아도 마음에 드는 코너는 아무 데도 없었다. 유통 경쟁의 치열함 속에서 어떻게 이 매장에서 꽃을 피울 수 있을까 하는 고민에 빠졌다.

계획을 세웠다. 잃어버린 우리 시장을 한 달 동안에 찾아야겠다는 마음을 굳혔다. 주위에 일이 산재해 있지만, 직장 일을 최우선으로 한다.

오늘 산을 오르면서 바위틈새에서 세파를 피하고 엎드린 듯 피어있는 노란색의 작은 풀꽃을 보면서 희망을 다짐했다. 잔설이 남아있는 한라산의 여건 속에서도 힘을 잃지 않고 향기를 피워내는 한 송이 작은 풀꽃은 나에게 큰 의미로 다가왔다. 지금은 주위가 춥고 환경이 좋지 않지만 나는 새로운 매장에서 향기로운 한 송이 꽃을 피우리라. 주위에 벌과 나비를 다 불러 모아 늘 즐거운 하루하루를 가꾸어 가리라 다짐을 하면서 한라산에서 내려왔다. (2006)

# 봄꽃을 그리다

일요일 아침이다. 따사로운 봄 햇살에 이끌려 마을 구경에 나섰다. 감미로운 바람도 친구가 되어 달콤하다. 걷다 보니 벚꽃, 목련, 개나리, 배추꽃, 수선화 등 이른 봄꽃들이 나를 기다렸다는 듯이 서로 다투며 봄소식을 알려주느라 왁자하다. 꽃들과 더불어 마을 구경을 하며 한참을 걸었다. 양지바른 곳마다 풀꽃들이 자신의 상태를 알리느라 소곤소곤하다. 그 속에서 유난히 마음이 가는 꽃, 돌 틈에 박혀서 피어있는 가냘픈 노란 민들레를 보았다. 잎과 줄기는 모두가 자주색 빛이 돌고 꽃은 완두 콩알만큼 작고 여리게 피어있다. 한참을 마주했다 노란 민들레와. 그냥 가버리면 안 될 것 같은 마음에 말없이 마음으로 교감을 하면서 살펴보았다. 넓은 들판에서 여러 봄꽃과 함께 봄을 알리지 못하고 숨은 듯이 피어있는 아기 민들레를 보고 있노라니 요즘 코로나19로 격리된 사람을 보는 듯하였다.

세상의 꽃들과 더불어 피고 싶은 아기 민들레꽃. 그들 곁에 함께 피어 향기를 나눔으로써 많은 꽃이 자신도 모르게 향기를 저버리는 슬픔이 있다는 걸 알고 있는 듯하다. 그러기에 돌 틈에서 필 수만 있어도 행복해 보이는 민들레꽃. 넓은 공간으로 옮겨주고 싶지만 마음뿐이다.

꽃이 피어있는 길을 따라 한나절을 돌고 집으로 왔다. 좀처럼 여운이 사라지지 않았다. 오늘 마을을 구경하면서 많은 봄꽃을 눈을 통해 마음에 담았다. 꽃들이 보여준 아름다운 만큼 내 마음에도 아름다운 봄기운이 가득하다.

봄꽃에 대한 마음이 쉬이 가지 않아서 벼루에 물을 부어 먹을 갈았다. 봄꽃을 그리기 위해서이다. 하얀 화선지를 펴놓고 오래된 고목에 홍매화를 그렸다. 저마다의 꽃송이마다 모양이 다르다. 웃는 듯 수줍은 듯 어린아이의 다문 입술 같은 봉오리와 만개한 꽃을 보고 있노라니 그림 속에서 향기가 풍기는 착각을 하게 된다. 어디선가 불어온 바람과 함께 붉은 꽃잎들이 꽃비가 되어 마구 날린다.

꽃비가 내리는 매화나무 아래는 어디선가 소리 없이 조용히 다가온 한 여인이 서 있다. 생활 한복을 곱게 차려입은 그 여인은 살며시 눈을 감고 매화나무 우듬지를 올려보며 하염없이 내리는 꽃비를 맞고 있었다. 그 여인도 한 송이 꽃처럼 보였다.

꽃을 구경하고 그림을 그린다는 건 그로 인하여 내 몸속에 좋은 에너지가 생성된 것이다. 활짝 피어있는 꽃을 보면 나도 모르게 미소가 번지고, 그림으로 피우는 꽃을 보면 그 꽃으로 하여금 마음이 마구 설렌다. 꽃을 좋아하는 나는 그 묘미에 매력을 느끼는지도 모른다.

이 세상 사람들과 더불어 살면서 꽃은 꼭 필요하다. 축하의 자리에서는 꽃이 있어서 기쁨이 더 크게 나타나고 화해의 자리에서도 꽃이 있어서 더 부드러울 수가 있다.

일과를 마치고 늦은 밤 조용하게 차를 마시고 싶어서 찻상을 준비하였다. 색깔이 다른 굵은 세 가지 초에 촛불을 켰다. 한지로 만든 수선화다화를 찻상에 올려놓고 유리다관에 꽃차를 담고 물을 부으니 다관가득 보랏빛 꽃이 피었다. 유리다관에도 봄이 찾아 왔다. 유리 찻잔에 차를 담으니 레드와인처럼 곱다.

오늘은 꽃이 있어 나의 삶이 풍요롭게 느껴지는 하루였다. 그 속에 향기로운 차로 하루를 마무리하게 되어 힘찬 내일이 기다려지는 시간이다. (2020)

# 내 마음은 봄

하늘이 푸르고 높다. 여유롭게 하늘을 올려보는 것이 이십여 년 만에 처음인지도 모른다. 생각을 비우니 마음도 한결 가볍다. 실타래처럼 엉켜 있던 생각을 내려놓으니 가슴에 넉넉한 공간이 생겨 그 속에서 솔바람 소리도 들린다.

넓은 잔디밭에 누웠다. 햇볕이 온몸으로 웃으면서 내려와 내 옆에 가지런히 누웠다. 잔디밭을 뒹굴면서 잠시 햇볕과 마음을 나누었다. 보이는 것은 구름 한 점 없는 하늘, 손으로 잡을 수 없는 바람이지만 나뭇가지의 흔들림으로 보아 바람도 나무타기를 즐기며 여유롭게 풀밭을 뒹굴며 웃고 있다. 만발한 복숭아 꽃, 백매화, 홍매화도 저마다의 기쁨을 꽃으로 피워 뽐내고 있다. 바위, 소나무, 참나무가 보이고 들리는 것은 계곡의 물소리, 들려오는 새들의 노랫소리에 바위도 흥얼거린다. 주위를 둘러보면서 이 순간만큼은 부러울 것이 하나도 없는 편안한 마음이다.

새벽에 일어나 하늘길을 빌리고 육로를 빌려 먼 길을 왔는데 마음은 가볍다. 업무가 아닌 치유를 위한 시간이라 그런지 모든 것이 여유롭기만 하다.

경남 산청에 있는 이곳은 '다물 평생교육원'이다. '다물'이란 '되물린다', '되찾는다' '되돌려 놓는다'라는 의미의 순수한 우리의 옛말이라 한다. 소음 없는 공간에서 치유를 위해 휴대전화도 꺼놓았다. 복장 또한, 검은색의 단복으로 갈아입어 편안하다. 교육원에 도착하는 순간 모든 것을 내려놓았다. 속세를 떠난 사람의 마음이 이런 마음일까. 복잡한 생각과 마음을 비우고 의복도 가벼워지니 선인이 마음이 이런가 싶다.

이곳은 지리산 중턱 선녀가 머물렀다는 선무대의 명상 공간이다. 이 시간만큼은 오롯이 나 혼자만을 위한 시간이고 공간이다. 계곡의 물소리에 마음을 씻어 보내고 나무에 오르락내리락하는 다람쥐와 새들의 노랫소리와 함께 콧노래를 부른다. 혼자 있어도 외롭지 않다. 자연의 모든 것이 나의 벗이 된다는 것을, 나도 자연인이라는 것을 숲속에 있는 친구들을 보면서 느꼈다. 눈을 감으니 머리끝에서 발끝까지 나의 몸속 세포들의 웃음소리가 들린다. 마음을 비워내니 마음은 복숭아꽃과 함께 봄이 되어 핑크빛 물결이 스며든다. 내 마음에도 어느새 새싹이 돋아나고 시냇물도 흐르고 청아한 새소리도 들린다. 아무도 없는 조용한 잔디밭에서 피톤치드가 흐르는 공기를 마셔서인지 몸속이 정화되면서 자꾸만 마음이 설레고 긍정의 에너지가 솟아오른다.

저녁 식사 후 차가운 공기가 흐르는 캄캄한 잔디밭에서 '큰 조선'이라는 노래가 흐르는 가운데 한지로 만든 풍등을 하늘로 띄워 보냈다. 소원을 담아 보내려고 했는데 소원은 담아 보내지 못했다. 소원은 비는 것이 아니라 만드는 것이라는 생각이 들어서이다. 사람과의 관계, 사물과의 관계, 삼라만상의 함께하는 모든 것들과의 관계를 소중히 여긴다면 그것은 칭찬으로 이어지고 칭찬이 모여 기도가 된다고 믿기 때문이다. 그로 인해 소원은 이루어진다는 나만의 철학을 갖고 있다.

밤하늘에는 별들이 빛나고 있다. 바람 한 점 없는 고요함 가운데 세 개의 풍등을 서로 다른 위치에서 올렸는데 한곳으로 모이면서 높이 올라간다. 고개를 쳐들어 보니 밤하늘에 빛나는 별과 같이 풍등도 빛나고 있었다. 두려움 없이 올라가는 풍등처럼 인간 세상에서 어떠한 일도 두려워하지 않고 내가 필요한 곳이라면 어디든지 달려가서 불 밝히는 일에 정성을 들일 것이다. (2015)

# 벚꽃이 가득한 봄에

요즘 세상이 꽃으로 가득하다. 향기로 가득하다. 거리가 온통 꽃 천지다. 봄꽃이 피어나는 소리가 들리는 듯하다. 거리에 피어난 벚꽃, 들녘에 피어난 벚꽃, 돌담 사이 가파른 계곡에도 벚꽃은 아름답게 피어있다. 꽃나무들은 주어진 환경을 탓하지 않고 뿌리내릴 흙이 있으면 소리 없이 뿌리를 내릴 뿐이다. 가끔 내려주는 빗물이 고맙고 지나가는 바람이 정다울 뿐이다. 겨울에 내리는 혹독한 눈보라도, 휘몰아치는 거센 바람도 나무들은 의연하게 받아들인다. 사람들의 잘못으로 땅을 아프게 하지만 대지는 그것을 탓하지 않고 사람들을 기쁘게 하려고 꽃으로 피어난다. 꽃을 좋아해서인지 사계절 중 봄을 가장 좋아한다. 이른 봄 쌀쌀하면서도 감미롭게 느껴지는 바람이 봄을 더욱 좋아하게 만든다.

벚꽃이 거리마다 활짝 피는 요즘 벚꽃의 봉오리가 열리듯 내 마음도 활짝 피어나 내가 가진 향기들을 나누고 싶어진다. 벚꽃이 피어있는 동안에는 마음이 설렌다. 일하면서도 늘 즐거움이 있고 남을 배려하는 마음이 여느 때보다도 많아짐을 알게 된다. 모든 것을 사랑하는 마음으로 피어나는 꽃처럼 미소 띤 얼굴로 사람들을 대하면 세상이 향기로울 것만 같다.

요즘 퇴근길은 가까운 길을 두고 먼 길을 돌아서 다닌다. 벚꽃터널이 울창한 도로로 늦은 시간 귀가를 하다가 잠시 자동차를 세우고 나무아래 앉아서 휴식을 취하기도 한다. 꽃은 나를 만나면 기다렸다는 듯이 내옆에 와서 밀어로 내 마음을 어루만져 주는 것 같다. 정다운 사람을 만나듯 꽃을 만나 향기를 맡으면서 지금 나의 환경을 잠시 돌아본다.

꽃은 언어가 없어도 사람을 불러들이고, 노래가 없어도 사람들을 즐겁게 만들어 준다. 작은 꽃잎 속에 꽃술을 열어 곤충들을 불러 품어주는 나무의 모습에 나는 감동이다. 화려하게 꽃이 피었던 그 자리를 아낌없이 털어내어 잎에 내어주는 나무를 보면서 인간사 살아가는 모습에 부끄러운 생각이 든다.

자신이 뿌리내린 자리에서 꽃을 피우려고 무슨 노력을 했을까. 어떤 노력으로 자신의 향기를 만들어 가고 있는 것일까. 더불어 사는 이웃들과 조건 없는 향기를 나누며 그들을 얼마나 따뜻하게 맞이했느냐는 끝없는 물음에 깊은 사유를 하게 된다.

대지의 기쁨은 꽃으로 피워 사람들을 기쁘게 하고 곤충과 새들의 쉬는 공간을 만들어 준다. 나도 뿌리내린 자리에서 태풍이 불어와도 흔들리지 않고 언제나 웃는 얼굴로 사람들을 대하려한다. 가슴속의 가슴으로 사람들의 어려움을 품어주고, 음성 속의 음성으로 말을 하며, 귓속의 귀로 들으려 한다. 머무르는 곳마다 향기를 뿌리는 은은한 사람이길 벚꽃이 피는 찬란한 봄 아침에 벚꽃 같은 미소를 지어본다. (2010)

# 봄이 주는 축복

아침공기가 상쾌하다. 이른 새벽에 일어나서 베란다 문을 활짝 열었다. 주위는 조용하고 어디선가 새소리만 가끔 들려온다. 베란다 너머에는 만개한 벚꽃이 손을 뻗으면 닿을 듯하다. 가족들이 일어나기 전에 밖을 보면서 아침준비를 위해 생각을 잠시 해본다. 봄날 아침 봄기운이 감도는 음식을 만들고 싶은 생각이 들어서이다. 밥은 흑미 쌀, 찹쌀을 곁들여 압력솥에 올려놓고 국은 된장을 풀어 다시마, 멸치, 달래, 봄동 배추로 국을 준비하였다. 반찬은 오징어 볶음, 양배추 쌈, 양배추 샐러드, 참치 계란말이, 김구이, 풋마늘 장아찌, 날미역 무침, 달래 김치, 배추김치이다.

오늘 아침을 준비하는데 다른 때보다 시간을 조금 많이 쓰려 한다. 왜냐하면, 오늘은 할 일이 많아서 음식을 준비하면서 마음을 다스리고 컨디션을 조절하기 위함이다. 나는 명상을 따로 하지 않고 차분히 요리하면서나 책을 읽으면서 명상을 한다.

직장인이자 주부로 개인적인 사회 활동으로 늘 생활을 타이트하게 보내야 한다. 그래서 언제나 약간의 긴장감이 흐르고 모든 일을 함에 있어 진정한 마음으로 임한다.

봄을 무척 좋아한다. 봄 향기가 좋고 다양한 꽃들이 많이 피어서 좋다. 휴일에는 꽃을 보려고 나들이를 가기도 하고 가끔은 직장 동료들과 동행하기도 하고 친구들과 함께하기도 한다.

언젠가는 들판으로 소풍을 갔는데 무수히 많은 들꽃이 바닥에 엎드린 듯 피어 있어서 그 벌판을 가로질러 갈 수가 없었다. 가깝게 가려고 하니 꽃들을 차마 밟고 지나갈 수가 없어서 길을 돌아간 적이 있다. 봄이 되면 가끔 고향을 찾아가듯 그곳을 찾아간다. 내가 기쁜 마음으로 찾는 그곳에서 들꽃들을 보면 그렇게 평화로운데 다른 사람들도 내 마음일 거라는 생각이 문득 스친다. 그래서인지 꽃을 보호해 줄 의무감 같은 것이 생긴다.

현실 속에서 바쁘게 움직이다 보면 가끔은 마음이 쉬고 싶을 때도 있다. 산이나 들에 나가 들꽃을 바라보는 것만으로도 에너지 충전이 된다. 피곤했던 마음이 정화되어 직장이나 주위 사람들에게 활력을 줄 수 있음은 돈으로 환산할 수 없다는 생각이 미친다.

약속은 되어 있지 않지만 늘 그 자리에서 기다려주는 풀꽃들, 삭막한 마음을 씻어주는 자연의 향기에 늘 고마운 마음이다. 산에 갈 때는 음악을 듣는 것조차도 소음처럼 들릴 때가 있다. 마음의 모든 것을 털어내고 진정한 마음 하나만을 가지고 간다. 산에 가면 산사람이 되고 싶고 들꽃의 일부가 되어 들꽃 같은 사람이 되고 싶다.

산이 주는 향기에 몸을 맡기고 나도 산 향기 같은 신선한 사람이 되고 싶기도 한다. 산에서 들려오는 새소리는 여느 음악 소리와도 비교할 수 없을 만큼 큰 울림을 주고 그 소리를 가슴에 담고 와서 동료들에게 풀어놓기도 한다.

봄은 이렇듯 아름다운 것인가. 봄이 주는 모든 것은 축복이라는 생각이다. 들판에서 맞이하는 봄빛은 어디에서도 느껴 볼 수 없는 만큼 풋풋하다. 신선한 공기, 들꽃, 산 향기, 새소리 등 봄이 나에게 주는 선물을 받아서 기쁘고 행복하다는 것은 혼자서만 즐기라는 것이 아니라는 의미로 다가온다. 내가 받았다면 나도 나눌 수 있는 마음이 되어야 한다. 자연이 대가代價없이 나에게 이렇듯 큰 행복을 주는데 하물며 생각할 줄 아는 사람인 내가 보은을 모르면 안 되지 않는가.

나눔이란, 베풂이라는 건 그렇게 거창한 게 아니란 생각이다. 바로 내 옆에 있는 사람부터 배려하고 한 번 웃어주고 마음 다독이는 거라 생각을 한다.

싱그러운 봄이 주는 선물에 감사하는 오늘 이 아침은 어느 시인의 시詩가 생각나는 아침이다. (2011)

즐거운 봄이 찾아와
온갖 꽃들이 피어날 때
그때 내 가슴 속에는
사랑의 싹이 움트기 시작하였네

# 슬로시티 청산도를 가다

5월 마지막 주말 2박 3일 문우들과 남도 여행을 하면서 첫 코스로 청산도를 갔다. 제주에서 완도카페리를 타고 약 2시간 50분 정도 소요된다, 완도카페리 여객터미널에서 청산도행 배로 갈아타고 약 50분 정도 가면 청산도 도청항에 도착한다. 넉넉하지 못한 일정으로 시간을 벌기 위해 배 갑판에서 간단하게 도시락으로 점심을 먹었다. 직장생활과 가정생활로 여행은 엄두도 내지 못했는데 뜻밖의 문우들과의 여행이라 모든 것을 덮고 흔쾌히 따라나섰다.

여행이란 피로도 따르지만, 일상을 탈출한다는 마음으로 떠나기 전부터 마음이 홀가분해지면서 평화를 느낄 수 있다. 마음을 묶어 놓았던 모든 것들을 내려놓고 오로지 여행의 기분에 충실하기로 했다. 이번 여행에는 여행지의 이곳저곳을 담아오려고 캠코더를 준비하였다.

날씨는 포근하여 뱃길도 평온하다. 우리가 몸담은 배는 거친 물보라를 일으키며 해무海霧가 얕게 깔린 바다를 거침없이 전력 질주한다. 선상에서 바라다보이는 작은 섬들, 그중에 청산도가 보인다. 바람이 몰고 오는 바다의 비릿한 냄새를 맡으며 청산도의 도청항에 도착했다. 새롭게 다가오는 것은 '슬로시티'라는 팻말이다.

'슬로시티'는 공해 없는 자연 속에서 그 지역의 음식과 문화를 공유하면서 옛날의 농경시대로 돌아가자는 느림의 삶을 추구하는 국제운동으로 아시아에서 최초로 청산도가 지정되었다 한다. '빨리빨리'를 외치는 우리에게 느림의 미학을 느끼게 해주는 좋은 기회이다.

맑은 공기 푸른 산 푸른 바다가 어우러져 청산이라 불렀으며 한때는 신선이 사는 섬이라 하여 선산仙山으로 부르기도 하였다는 청산도. 어디를 둘러보아도 청산이다. 바다도 푸르고 산도 푸르고 공기도 맑아 푸르게만 느껴지는 이곳은 보이는 곳마다 구들장 논이고 계단식이다. 생소하고 신기하다. 구들장 논은 구들장처럼 평평한 돌을 논바닥에 깔고 그 위에 흙을 부어 만든 논이다. 면적은 작고 돌은 많았으나 물이 귀했던 시절 독특한 논 만들기 방식으로 삶을 일구어간 청산도의 옛 선조들의 애환과 삶의 지혜가 엿보이기도 한다.

TV로만 보았던 서편제와 봄의 왈츠 촬영지로 유명해진 곳. 서편제 안내표지와 그 옆에 음악상자 속에서는 전통 민요가 흘러나와 서편제 주인공들이 진도아리랑을 부르며 걸었던 영화의 한 장면을 떠올려 보게 한다. 또한, 이곳은 다양한 꽃들로 사람들의 시선을 유혹하지만, 특히 창포꽃과 꽃양귀비가 청산도의 초여름에 이목을 끌게 한다. 꽃들이 가득한 밭에는 사람과 꽃이 어우러져 사람도 나비가 된 듯 포즈를 취한다. 사진을 찍을 때의 모습처럼만 행복해진다면 이곳 청산도의 거리는 행복이 넘실거릴 것이라는 생각이 잠시 스친다.

슬로길을 오르락내리락하다 보면 숲 오솔길이 많다. 비탈길 해송 사이로 찔레꽃이 무르익고 삼동, 맹기, 잡목의 여린 순들, 인동초의 향기로움이 자꾸 나를 느림의 세계로 인도한다. 이곳은 느린 만큼 행복해지는 마음을 알게 해준다. 어린 시절에 내 친구가 많이 불러주었던 '찔레꽃'이라는 노래를 읊조려보기도 하고 삼동과 인동초 꽃잎도 따서 먹었다. 맹기의 여린 순도 따서 옷깃에 쓱쓱 문질러 먹었다. 어린 시절 그 맛은 아니지만, 그 시절을 추억하기에 충분했다. 그러다 보니 일행 중에 맨 꼴찌가 되었다. 그렇지만 마음먹고 나선 여행인지라 꼼꼼히 살피면서 캠코더에 내가 원하는 많은 것을 담아서인지 캠코더가 무겁게 느껴진다.

많은 일행이 움직이다 보니 꼭 가보고 싶었던 '범바위'를 올라가지를 못했다. 바위산을 오르려고 준비를 했다가 저녁 식사 시간이 예약되어 있어서 아쉬운 마음이지만 다음을 기약해보려 한다. 범바위는 자기 소리에 놀라 육지로 도망쳤다는 순진한 섬 호랑이의 전설이 있는 곳이라 한다. 그 바위는 오르지 못했지만 우리는 바다가 한눈에 보이는 음식점에서 아주 소박한 밥상으로 저녁을 먹으며 일몰의 아름다움도 보너스로 마음에 담아왔다. 저녁 식사를 마친 후 마음대로 앉을 수도 없는 울퉁불퉁한 방죽의 한쪽에서 별빛이 쏟아지는 축복 속에 가로등 불빛 아래서 시詩 낭송을 하여 문학이 주는 여행의 묘미를 맛보았다.

청산도는 슬로시티로 지정된 섬답게 아름다움이 잘 보존되어 있다. 그래서 조금은 아날로그적인 불편함도 있지만, 그 자체가 느림으로 가는 첫 단계, 행복의 문으로 진입하는 통로가 아닌가 하는 마음이 앞선다.

시골 고향 집 같은 민박집에서 하룻밤을 문우들과 보내고 새벽에 일어나 도청항에 도착했다. 낭만으로 보이는 바다, 배, 등대, 푸른 산, 푸른 하늘, 원색의 지붕들을 뒤로하며 청산도를 떠나야만 했다. 다시 한번 더 가고 싶은 곳 청산도는 내 어린 시절 고향과도 같아서 돌아오는 길의 아쉬움이 많았고 다시 한번 꼭 가보고 싶은 섬 중의 섬이다. (2012)

# 나에게, 바다는

출근하는데 첫눈이 내린다. 이순耳順이 된 지금도 눈이 내리면 마구 설렌다. 이유 없이 온종일 기분이 유쾌해진다. 종일 일을 하는 동안 막연하게 좋은 일이 생길 것만 같은 긍정의 마음이 나를 신나게 한다.

하루의 업무를 기분 좋게 마무리하고 눈이 내리는 바닷가를 상상하며 달렸다. 자동차 안에서 들리는 바람 소리는 예사롭지가 않다. 밤길운전이고 자주 다니는 길이 아니라서 염려가 앞선다.

눈 내리는 바닷가를 찾은 이유는 오래전 어느 겨울날이다. 보랏빛 가로등 불빛 너머에서 흩날리는 눈발은 라벤더 꽃가루를 하늘에서 뿌리는 듯한 착각을 일으켰다. 보라색 꽃만 보면 오래전 가로등 불빛 아래서 눈 내리는 밤이 떠오른다.

세월이 흘러서일까. 바다에 도착했는데 오래전에 간직했던 밤바다 풍경이 아니었다. 자동차에서 내려 바다를 바라보며 서성거리다가 휘몰아치는 바람과 파도 소리를 들으면서 한참을 걸었다. 얼마나 걸었을까.

몸부림치는 파도를 보면서 나의 60년 세월을 돌아보았다. 그동안 얼마나 많은 파도와 맞닥뜨리며 살았을까. 휘몰아치는 파도가 무서워 가끔은 소리 없이 울기도 하였다. 살다 보니 삶의 이치를 깨달았을까. 파도가 밀려와도 도망가려 하지 않고 파도를 맞으며 파도와 하나 되어 살다 보니 이제는 파도타기를 즐기는 인생의 서핑가가 되었다.

그동안 나의 활동무대들은 거대한 바다와 같았다. 그 속에서 크고 작은 다양한 일을 하면서 아픔도 있고 슬픔도 있었지만, 그로 인하여 기쁨이 더 크게 다가왔음을 깨달았다. 그 깨달음을 통해 나의 지난 세월을 반추하며 남은 인생을 어떻게 채색을 해야 할까 하는 설계도면을 다시 수정하여 그려본다.

나에게 바다는 청소년기에 외로움을 달래려고 바다와 많은 시간을 보냈다. 바다가 인접해 있는 창문이 많은 한옥 기와집에서 살았다. 방안에 누워 잠이 들 때까지 바다를 상상하며 '섬집아기'라는 동요를 자주 부르곤 했다. 그래서인지 지금도 바다에 대한 시詩를 좋아한다. 부둣가에 배가 들고날 때는 뱃고동 소리가 들리기도 하였다. 겨울 바다에는 무슨 이유인지 겨울 바닷새가 유난히 많이 모여들었다. 겨울이 오면 그리운 사람을 기다리듯 겨울 갈매기 오는 것을 무척 좋아했다. 바닷가 갈매기를 보면서 안부를 묻기도 하고 나의 고민을 말하기도 하였다. 바다의 비릿한 내음이 내 몸을 감싸주고 나는 그 향에 취해 나의 모든 것을 바다와 나누었다.

달빛을 품은 바다가 너무 아름다워 고요한 밤바다를 자주 찾았다. 방파제에 걸터앉아 달빛이 내려주는 아름다움에 심취해서 바다 생물들과 이야기를 나누며 시간을 보낸 적이 한두 번이 아니었다. 달빛이 부서지는 밤에 멸치 때가 몰려와 은빛으로 반짝이는 모습은 무엇으로도 형언할 수 없는 달빛과 멸치만이 연출할 수 있는 대자연의 예술품이었다.

소녀적 거닐던 그 바닷가, 그 달빛이 그립다. 나의 마음을 바다는 늘 보듬어주었고 언제든지 기댈 수 있는 어머니 품처럼 넉넉하고 편안했다. 그때 그 바다가 있었기에 지금의 마음에는 미소가 번지는 따뜻함이 있어 바다의 아픔을 품어주고 싶은 마음이다.

지금도 일이 풀리지 않으면 버릇처럼 바다를 찾아간다. 바다는 나의 말을 들어주기만 하는데 바다와 이야기를 나누다 보면 내가 원하는 것이 무엇인지, 원하는 것을 이루기 위해 해결해야 할 장애요인은 무엇인지, 실행에 옮겨야 할 것은 무엇인지를 생각하게 된다. 그로 인하여 내가 원하는 것이 무엇인지 알게 되고 답을 바닷가에서 스스로 찾게 되는 경우가 많다. 고민이 생기면 무거운 마음으로 바다를 찾았는데 바다를 만나서 원하는 답을 찾게 되면 돌아오는 마음은 서핑하듯 즐거움이 일어난다.

오늘같이 달빛이 하얀 밤은 사춘기 소녀가 자주 찾던 그 바다가 사뭇 그립다. (2020)

# 풍란

아침에 일어나면 베란다 문을 열고 화초들과 인사를 나누며 하루를 시작한다. 어제 비가 내려서 그런지 아침공기가 상쾌하다. 연초록 물결이 일렁이는 화단의 나무들과 나뭇가지 사이에서 지저귀는 새소리가 청아하다.

나와 인연을 맺은 모든 것들은 내 가족으로 생각을 한다. 동물이든 식물이든, 벽에 걸린 그림, 서예작품, 주방 살림살이 등이다. 언제나 행복하기를 바라는 내 가족들이다. 그런데 발코니에 놓여 있는 화분들 가운데 돌에 부착되어 잘 자라던 풍란이 요즘 많이 아프다. 한해도 거르지 않고 꽃을 피워 향기로움 가득하였는데 지금 이 시각 여느 때보다 많은 꽃을 피워 힘겹게 품에 보듬고 있다. 늦둥이를 낳은 노산의 산모 같다. 풍란의 수명은 몇 해일까 궁금해진다. 나와 인연을 맺은 지도 헤아려 보니 십 년이 넘었다.

오래전 초여름 어느 날 친정집에 갔다가 유년의 향수에 젖어 산으로 들로 헤맨 적이 있다. 산 향기에 취해 산 기운을 쫓아갔다가 마음에 드는 돌이 있기에 힘겹게 집으로 가지고 왔다. 수석 받침대를 준비하고 돌을 올려놓았는데 산에서 자연을 벗 삼아 살던 터라 아파트가 답답하겠다는 생각이 앞선다. 친구들과 멀리 떨어져 왔으니 외로움과 그리움이 사무칠까 하는 생각이 들었다. 말은 없지만 얼마나 눈물을 흘리고 있을까 하는 생각을 하니 마음이 편치가 않았다. 내 욕심이었다.

돌 하나만 놓고 보기엔 너무나 덩그러니 외로워 보여 풍란을 구해서 돌에 심어주었다. 조용한 밤이면 도란도란 속삭이는 소리도 들리고 사랑의 빛으로 아름다운 꽃도 예쁘게 피웠다. 처음에는 돌이 외로워서 내 마음이 아프고 지금은 풍란이 아파서 내 마음이 슬프다. 꽃에 대한 나만의 철학으로 꽃의 방향도 바꿔보고 화원에 가서 상담도 받아 보았지만 별다른 도움을 받지 못했다.

풍란 잎이 한 개 떨어질 때마다 돌이 우는 것 같고 내 마음도 슬프다. 어쩌면 좋지. 병명을 몰라서 발만 동동 구르는 보호자의 마음이다. 뿌리는 아주 튼튼한데 난 잎은 마지막 한 개 남았다. 마지막 희망이다. 마지막 한 개만큼은 무슨 일이 있어도 지켜 내야 한다. 나의 소중한 가족이면서 나의 마음을 쉴 수 있는 친구이기 때문이다.

기쁨과 슬픔을, 웃음과 눈물을 함께 나눈, 나의 모든 비밀을 나눈 말 없는 친구이다. 묵묵히 받아주기만 하는, 그래서 아팠는지도 모른다는 생각에 마음이 더 아프다.

내가 살아온 진실과 정성으로 기도합니다.

"나의 진실한 기도로 풍란 한 촉 웃음 지으며 행복하게 해주세요."

오월에는 유록빛 산과 들꽃들의 향기로움이 유난히 피어난다. 오월의 산 향기를 좋아해서 산으로 들로 소풍하던 그 시절을 회상하노라니 자연 속에 있는 돌을 가져왔던 그 시간이 떠올라 미안한 마음이 사무친다. (2007)

4부

# 기적을 가져다준 남천

# 땀으로 피어나는 꽃

날씨가 쌀쌀하다. 거리에는 가끔 눈발이 날리고 창밖으로 보이는 풍경은 스산하다. 오늘도 어김없이 직장 일로 제품이 진열된 여러 곳의 매장을 돌아보고 왔다. 똑같은 조건으로 같은 교육을 받으면서 근무하는 사원들이건만 저마다 일하는 모습이 다르다. 자신의 개성에 맞게 꾸미는 사원이 있는가 하면 무관심한 사원도 있다. 이런 두 부류의 사원들을 보면서 무엇이 그들을 다르게 하는가 생각을 하게 되었다. 전자 사원의 성향을 보면 매우 긍정적이면서 적극적이고 늘 배우려는 자세의 사원이고, 후자인 경우는 늘 투덜대고 만날 적마다 수정해야 할 부분을 짚어줘도 다음에 가보면 개선한 흔적이 보이지 않는다.

오늘 낮에 여사원이 파견된 매장에 대바구니를 예쁘게 꾸며서 두 개를 가져다주었다. 한 개는 고사리나 도라지 등 무침용 채소 옆에 물엿과 참기름을 담을 바구니이고, 다른 한 개는 샐러드를 할 수 있는 생야채 옆에 샐러드소스를 담을 바구니다. 며칠 동안 꽃가게를 여러 곳을 들렀지만 마음에 드는 바구니가 없어서 오늘이야 원하는 것을 찾았다. 어떻게 꾸며야 매장에 어울리는 바구니로 만들 수 있을까 고민을 하다가 결정을 내렸다. 매장의 분위기에 맞게 두 개의 바구니를 서로 다르게 꾸미기로 하였다. 매장마다 저마다의 모습으로 피어나는 행사 매대, 그것은 분명 영업인들의 땀과 수고로움으로 피어나는 꽃 중의 꽃이다.

꽃으로 피어나는 것은 식물만이 아니다. 사람의 마음속에도, 웃는 얼굴에서도, 몇 개의 풍선으로도, 예쁜 종이로도 피어날 수 있다는 생각이다. 저마다의 다른 모습으로 여러 종류의 꽃들을 바라보고 있노라면 향기로움 못지않게 그들만의 시련과 아픔이 녹아 있다는 생각을 잠시 해본다. 온실에서 키우는 꽃과 야생에서 자라는 꽃향기가 서로 다르듯이 매장마다 각기 다른 꽃향기가 피어나는 것은 꽃을 가꾸는 사람의 마음이 다르기 때문이리라. 그 사람의 열정이 있고 온 힘을 다했을 때의 매대는 생기가 있고 향기로 가득하다. 그냥 지나칠 수 없게 사람을 그 자리에 멈추게 하는 힘이 있다. 말은 하지 않으나 말을 하는 것 같고 오라고 손짓하는 것 같아 그 자리에 멈추게 된다.

가지런히 잘 정리된 제품을 보노라면 눈으로 바라보는 즐거움이 있다. 또한, 입으로 느끼는 달콤하고 향기로운 맛이 있고, 온몸으로 느끼는 건강함이 감도는 꽃이 된다. 매장에서의 꽃은 가정의 식탁까지 옮겨진다. 식탁에서 번지는 향기는 사람들의 몸속으로 스며들어 얼굴마다 피어오르는 또 다른 꽃으로 탄생한다.

회사에서 지속해서 진행하는 행사들은 계절과 행사구성품목에 따라 다르고 매대 위치에 따라 연출이 달라진다. 늘 그러하듯이 행사 전날은 행사준비 사전 점검차 매장을 다녀온다. 어떻게 매대 연출을 할 것인지를 돌아오는 길에 구상하고 소품준비를 한다. 행사의 종류에 따라 풍선의 종류와 색깔, 크기, 모양이 달라지고 pop 글씨체와 문구가 달라진다.

정해진 기간에 정해진 품목으로 행사를 한다면, 최소의 비용으로 최대의 효과를 누려야 한다는 생각이다. 일을 할 때마다 완벽한 작품이 되어야 한다는 생각으로 하는 일에 온 힘을 다한다. 자율적이고 창의적인 전문가다운 생각을 하고 있어야 하고 무엇보다도 무한한 가치창조를 위한 일에 대한 사랑과 열정이 있어야 한다. (2008)

# 그의 변화가 아니고 나의 변화

얼마 있으면 석가탄신일이다. 석가탄신일에는 절에 나가는 일을 우선으로 한다. 일 년 동안 가족의 연등을 켜면 왠지 마음이 편안하다.

직장업무가 사람을 관리하고 교육하는 일이라 생각이 깊어진다. 채용 시 면접에서부터 시작해야 하기에 사람의 인상을 많이 보게 된다. 인상에는 대부분 품성, 언행, 예절 등이 담겨있음을 알 수 있다. 사람이 살아가면서 가장 힘든 부분은 사람과의 관계라는 생각이다. 좋은 품성이 바탕이 되어야 교육을 통해 훌륭한 인재로 변화시킬 수가 있다. 많은 사원의 교육을 하다 보면 효과가 있는 사람이 있는가 하면 그렇지 못한 사람도 있다. 언제부터인가 나는 사람들의 변화시키는 방법을 조금 바꿨다. 내가 선택해서 함께 해야 할 사람이라면 내가 원하는 방향으로 만들어 함께 하기를 원한다. 작년에는 직장동료로 인해 마음이 아주 불편한 적이 있었다. 교육을 하여도 효과가 없으니 방법을 바꾸기로 하였다. 그래서 그 동료를 위해 연등을 켜보기로 하였다.

작년 석가탄신일에는 강풍이 불어 연등을 매달 수가 없었다. 해마다 하는 일이라 그냥 돌아오면 일 년 동안 마음이 편안하지 못할 것 같은 마음에 그냥 돌아올 수도 없었다. 절 마당을 무작정 돌아다니다 보니 좋은 생각이 떠올랐다. 강풍 속에서 촛불을 켤 수는 없으니 바람이 스치지 않는 고요한 곳에 연등을 켤 수 있는 곳을 발견했다.

나를 힘들게 하는 사람, 내가 좋아하는 사람, 가족의 연등을 켰다. 사람마다 각각의 이름을 적고 연등을 켰는데 그중에 나를 힘들게 하는 사람에게 마음을 모았다. 어미닭이 병아리를 품듯 가슴과 팔로 연등을 감싸면서 촛불이 타는 모습을 지켜보았다. 잠시도 그 자리를 떠나지 않았다. 강풍 속에 촛불이 고요하게 마지막까지 타고 내려가기를 바라면서 그 사람에 대해 생각을 하였다. 미안함, 고마움 등을 생각하면서 자리를 지키다 보니 그 시간은 그들을 위한 기도의 시간이 된듯하다.

촛불을 켜서일까 나를 힘들게 했던 동료가 서서히 변하는 모습이 보였다. 어쩌면 동료가 변화된 것이 아니고 내가 그를 대하는 마음가짐이 달라졌는지도 모른다. 무슨 일이 있을 때마다 자신을 돌아보며 마음의 상태를 돌아보게 되었다. 강풍 속에 촛불을 켜서 기도까지 했는데 그 기도가 헛되지 않으려면 내가 참아야지 하면서 마음을 안으로 쓸어내리곤 하였다. 그러면서 보낸 일 년. 그 동료는 아직도 그 사실을 모른다. 내가 마음을 다스리면서 기다린 만큼 그의 변화가 있음을 나는 안다. 그 사원도 내가 힘든 만큼 힘들었으리라는 것을 알고 있다. 시간이 많이 흐른 뒤 그에게 사실을 알려줄 것이다. 그때는 와인도 준비하고 꽃도 준비하고 잔잔한 음악도 준비하여 그를 초대할 것이다. 웃으면서 반갑게 맞이하고 미안하다는 말을 할 것이다. 고맙다는 말도 할 것이다. 서로 다른 사람이 직장을 통해 만난 인연이지만 노력하면 행복이 온다는 것도 알려 줄 것이다.

이제 며칠 있으면 석가탄신일이다. 올해는 직장동료의 사춘기 아들을 위해 촛불을 켜고 싶다. 가정이 안녕해야 직장 일에 올인 할 수 있다고 생각을 하기 때문이다. 또한, 이 세상 모든 어려운 사람들을 위해 기도하련다. 그들의 행복을 기원하면서. (2012)

# 기적을 가져다준 남천南天

아침에 출근하면 매일같이 옥상에 문을 열어 본다. 그곳에는 고사목이 담긴 화분 한 개가 놓여 있다. 그 화분은 사무실에서 꽃도 피울 만큼 건강했던 식물인데 어느 날 이유 없이 잎이 우수수 떨어지더니 고사목이 되었다. 화분을 버려야 할까 하는 마음도 들었지만, 그동안의 정이 너무 깊어 갈등이 많았다. 화분에 흙을 쏟아부어서 뿌리를 확인해 볼까 하다가 조금만 더 기다리며 지켜보기로 하였다. 그래서 햇볕과 바람이 잘 드는 옥상으로 옮겼다.

어린 시절부터 시골의 자연 속에서 자라서인지 흙과 식물을 무척이나 좋아한다. 농부들은 잡초라고 뽑아 버리는 들풀을 나는 다양한 용기에 심어서 정성으로 가꾸며 실내에서 키우곤 하였다. 근무하는 직장 사무실에도 여러 종류의 화분들이 햇볕이 잘 드는 창가에서 오순도순 모여 있다. 그 속에서 함께한 지 이젠 6년이 되었다. 매주 금요일 저녁에는 퇴근 전에 물을 듬뿍 주고 퇴근을 한다.

물을 줄 때면 주말을 잘 보내라면서 화분마다 다른 마음으로 대한다. 화초들도 고맙다는 듯이 싱그럽게 자라면서 계절에 맞춰서 꽃도 피워주고 휴식처가 되어준다. 식물을 바라보면 눈이 맑아지고 마음이 잔잔해지는 것은 이미 나에게 많은 휴식 공간을 선사해 주고 있다는 것이다. 잎이 자라는 모습을 보면서 볕이 들어오는 방향으로 위치를 바꿔주고 너무 뜨거운 창가는 피하여 옮겨 놓기도 한다. 일하다가 잠시 휴식을 취할 수 있는 것이 바로 푸른 식물의 싱그러운 모습들이다.

옥상으로 옮겨진 화분에도 매주 금요일이면 물을 주고 쪼그리고 앉아 요리조리 돌려보기도 하였다. 희망을 찾기 위한 나만의 방법이다. 희망을 놓지 않았다. 혹시나 밑동 마지막 남은 뿌리에서 순을 올려 화분에 새순이라도 돋아날까 하는 마음에 물을 주는 일을 게을리하지 않았고 마음 또한 변치 않았다. 다른 식물들은 다 싱싱한데 남천이 고사枯死된 까닭이 나의 소홀함이 아닌가 하는 편치 못한 마음이 들었고 고사가 되는 그 순간까지 말을 할 수 없는 식물이 얼마나 나를 원망하며 힘들었을까. 꼭 기적을 일으킬 것이라는 각오로 마음에 다짐을 거듭했다.

고사목이 깃든 화분에 물을 주다 보니 바람결에 날아 온 다양한 종류의 씨앗이 싹을 틔우기 시작해서 작은 화분 속에 여러 종류의 식물들이 순을 틔웠다. 옥상으로 옮겨진 화분에 물을 주기 시작한 지 3개월쯤 지났을까 나는 내 눈을 의심했다. 이게 뭐지. 이게 뭘까. 약 1센티미터쯤 되는 붉은 빛을 띤 새순이 잡초 사이로 소복하게 올라온 것이다. 우와 심장이 떨리는 순간이었다. 세상을 다 얻은듯한 기쁨 이 순간은 인생사 최대의 환희의 순간이다.

나는 화분을 사무실로 옮겨와서 동료에게 나지막한 말로 감동을 전했다. "이게 꿈은 아니죠. 분명 남천의 새순이 올라온 거죠". 라고 하는데 내 몸속에서 툭 하는 소리를 느꼈다. 고사목이 된 후 갖고 있던 미안한 마음, 사랑이 없는 의무감으로 물을 주었던 죄책감 같은 마음이 내 마음 한구석에 무겁게 자리하고 있었는데, 그 무거운 마음이 사라지는 순간이었다. 내 몸속 발끝에서 머리끝까지 세포들이 기쁨의 에너지를 받아서 툭! 툭! 툭! 터지는 소리를 나는 감지할 수 있었다. 작은 식물 하나가 이렇듯 큰 기쁨을 주는데 생각할 줄 아는 나는 무슨 생각으로 식물을 키운다고 했는가. 식물 앞에서 쪼그리고 앉아 잎을 어루만지며 지금까지 잘못에 대한 미안함을 전하고 있었다. 이런 기분은 무엇으로도 바꿀 수 없는 큰 감동이다. 나무가 고사하였다고 버리지 않고 옥상으로 옮긴 것이 참 잘했구나 하는 생각에 내 마음을 어루만진다.

'지성이면 감천'이라 했던가. 그 화분이 순을 띄우지 못했다면 아마 지금도 버리지 못하고 시간만 되면 옥상으로 발을 옮기며 미안한 마음으로 내 몸을 꽁꽁 묶고 있을 것이다. 남천이 고사한 가지도 소중하여 하나도 자르지를 못했다. 마른 가지 사이로 새순이 돋아나 쑥쑥 자라고 있는 모습을 보면서 많은 깨달음을 얻었다. 남천은 다시 태어나면서 나에게 많은 선물을 주었다. 식물은 말을 하지 못하지만, 감정을 가진 사람이나 마찬가지라는 것을 일깨워주었다.

그 후 식물을 대하는 마음이 세심해졌고 식물의 아픔, 배고픔을 잎을 보는 것만으로도 느낄 수 있는 마음의 눈이 생겼다. 식물들이 나에게 전해주는 그들만의 언어에 관심을 두고 교감을 하는 또 다른 마음도 생겼다.

남천을 통해 식물 사랑이 내 몸 사랑이란 깨달음도 얻었다. 관심을 두고 사랑하는 마음으로 식물들을 대하다 보니 작은 공간에서 다양한 꽃과 열매를 볼 수 있고 식물을 키우는데 노하우도 생겼다. 이웃을 방문했을 때 시들어간다며 내버려 둔 화분들도 가져와서 건강해지면 돌려주는 행복도 보너스로 받았다. 지금도 사무실에 많은 화분 중에 두 개의 난분에는 화사한 난 꽃이 향기롭게 피어 있어 이 추운 겨울에 내 마음을 따뜻하게 감싸준다. (2013)

# 수행修行

가을볕에 감이 익어가고 있다. 내가 사는 아파트 정원에는 해마다 감이 달려있는데 누가 수확하는지는 관심도 없었다.

어제는 퇴근길에 그 나무 앞에 주차하게 되었다. 누가 보살펴 주었는지 나뭇가지에 달린 나뭇잎들이 지붕의 모양처럼 잘 다듬어졌다. 그 나무에는 연두색의 감부터 홍시까지 다양하게 매달려 있다. 그중에 주황색으로 물들기 시작한 감에 잠시 시선이 멈추었다.

자동차를 주차하고 나무 가까이 다가서자 더욱 선연하게 다가온 빛깔들이 나를 한참 동안 그 자리에 머물게 하였다. 이 기분은 무엇일까. 무언가 잡힐듯하면서도 잡히지 않는 마음에 답답함까지 밀려온다.

다음 날 오후 다시 감나무를 찾았다. 그 나무를 올려다보며 한동안 주변을 서성거렸다. 다양한 크기의 감과 빛깔을 보면서 문득 지나온 삶을 돌아보게 되었다. 주위를 둘러보니 나무 아래에는 홍시가 되어 떨어진 감들이 있고, 나무에 달린 채로 새들의 먹이가 되는 감도 보였다.

감나무에는 몸집이 작은 동박새 두 마리가 오르락내리락하며 분주하다. 새들의 행복한 몸짓을 보다가 나무에 달린 감들 중에 연두도 아니고 주황도 아닌 것을 보노라니 요즘 내 마음과 빛깔이 저 모습이 아닌가 하는 생각이 스친다. 그 감은 주황색이 되기 위해 몸부림을 치고 있는 것만 같았다.

결혼 후 22년 동안 한 직장에서 일하고 있다. 몇 개월 전까지 직원예절, 교육 등 여사원들의 전반적인 부분을 관리하는 관리자로 일을 하다가 이제 모든 것을 내려놓고 평사원으로 돌아왔다. 쉽지 않은 결정이었지만 나는 무슨 일이든 할 수 있다는 자신감과 긍정의 힘이 솟구쳤기에 지금의 자리에서 기쁜 마음으로 업무에 집중하고 있다.

동료들의 전화도 많았다. 매장관리 업무가 할만하냐고. 하지만 아무 말도 할 수 없었다. 대답은 언제나 지금은 수행 중이니 깨달음을 얻을 때면 전화해서 알려주겠노라며 웃으며 전화를 끊곤 했다.

내가 지금의 상태를 표현하자면 수행의 시간이라 생각한다. 그렇게 생각하는 데는 내 젊음과 열정을 불사르던 직장에서의 아름다운 마무리를 하고 싶고, 누구나 사람은 힘든 고비가 있는 법인데 좌절하지 않고 꿋꿋하게 걸어가는 모습도 아이들과 남편에게 보여주고 싶었다. 퇴임 후 20여 년의 계획을 완성하기 위함이기도 하다. 때로는 비바람 앞에서 앞이 보이지 않을 정도로 궂은 날씨 속에서도 어김없이 수행의 길은 지속될 것이다.

불도佛道를 닦는 것만이 수행은 아닐 것이다. 자신이 머무는 이곳이 수행이 자리이고 진리眞理의 자리라고 본다. 주어진 환경과 하나 되는 마음 또한 수도자의 마음이라 생각한다. 수행은 나를 위한 일이고 언제나 수행하는 삶을 살길 원한다.

지금은 풋감도 아니고 익은 감도 아닌 방황하는 청소년 같은 떫은 감이다. 속세의 유혹을 뿌리치고 지속해서 노력하다 보면 언젠가는 주황색으로 물들고 홍시가 되어 새의 먹이도 되지 않을까 하는 생각을 해본다. 나무 아래로 떨어지는 감이 되어도 슬퍼하지도 두려워하지도 않을 것이다. 내 삶이 잘 익어가고 있다는 마음을 소슬바람이 이는 가을에 가슴에 품어본다. (2016)

# 항아리

발코니에 있는 항아리를 바라본다. 그곳에는 밥공기만 한 것부터 큰 항아리까지 여러 종류가 있다. 큰 항아리 뚜껑 위에는 화분들이 올려져 있어 이른 봄에는 저마다 뿜어내는 꽃향기가 진동한다. 이들 항아리는 자주 쓰지는 않지만 살아가면서는 무언가 채워질 것 같은 생각에 가끔 손질한다. 오늘도 물행주로 정갈하게 윤기가 흐르게 닦았다. 이것들과 함께하고 있노라면 어쩐지 나의 분신을 만지는 것 같고 무언가 새로운 것을 채우기 위해 준비하는 것 같아 늘 즐거움이 함께한다.

이것들은 신혼 시절에 시골 오일장을 다니면서 사 모은 것이 많다. 전업주부로서 집에서 살림만을 할 때는 언제나 그 속에는 무언가 가득 채워져 있었다. 된장, 고추장, 간장, 마늘장아찌, 고추 장아찌, 자리젓, 오징어젓, 멸치젓, 콩자반, 깻잎 절임, 김치 등이다. 이들 다양한 먹거리들을 이웃과 나누며 음식의 맛 못지않게 사람들과 정을 나누며 살았다. 예전에는 주부이면 그렇게 살아가는 것이 필수처럼 느껴졌던 때가 있었다. 날씨가 궂으면 뚜껑을 열어 있는 항아리가 걱정이었고, 해가 나면 닫아둔 항아리가 마음 쓰이곤 하였다.

옛이야기에 보면 어느 대가족이 한 집에서 여러 대를 살면서도 식구들이 우애 있게 살았다고 한다. 누군가가 그 비결을 물었을 때, 집주인은 그를 데리고 곳간으로 가서 한구석에 묻혀있는 커다란 항아리의 뚜껑을 열어 안을 보여 주었다고 한다. 거기에는 참을 인忍자를 쓴 종이쪼가리로 가득했다고 한다. 항아리의 또 다른 쓰임새를 보는 듯하다.

10여 년 전부터 직장을 갖게 되었다. 자연스럽게 이들 항아리에 조금은 무관심하게 되고 그 속을 채우는 일에도 소홀했다. 더구나 내가 나가는 직장이 식품회사다 보니 수없이 많은 제품을 알게 되었다. 회사의 식품들을 고객들에게 홍보도 하며 날이 지고 새니 지난날의 항아리에 담겼던 것들을 생각할 기회는 줄어들었다. 그런데 웬일일까, 근래에는 문득문득 지난날에 항아리 속에서 숙성된 음식의 맛과 정취가 그리워질 때가 있다.

요즘은 이전에는 생각도 못 했던 편리하고 좋은 그릇들과 거기에 걸맞은 식료품이 많지만, 그것들이 지난날의 항아리에서 익은 은근한 맛을 흉내 낼 수야 있겠는가 하는 생각이 든다. 몇 달 전에는 작은 항아리 두 개를 부엌으로 옮겼다. 해마다 매실 철이 되면 매실청을 담가 두었다가 그 진한 액체를 요리할 때 사용하거나 시원한 물로 희석을 해서 차나 음료로 마신다. 아침 출근 전에 한잔을 마시고 나가면 몸이 가벼워지는 것 같은 기분이 들기도 한다.

항아리를 보면 어린 시절이 생각나고, 어머니가 보인다. 늘 항아리를 정갈하게 닦으며 빙긋이 웃으시던 어머니의 미소가 보인다. 어머니는 항아리를 주방에서는 물독으로, 광에서는 쌀독으로, 뒤뜰에는 김칫독으로, 된장, 간장, 절임을 하는 독으로 다양하게 쓰곤 했다. 그 시절부터 항아리를 가까이에서 접해왔기에 내 정서에 젖어든 것 같다. 무척 항아리를 아끼는 것을 알기에 오늘 아침에도 친정어머니로부터 전화를 받았다. 당신이 오랫동안 길들인 항아리 하나를 주고 싶다는 것이다.

어린 시절 우리의 건강을 지켜주던 음식은 잘 익은 김치가 아닌가 싶다. 어릴 적 어머니가 퍼다 주시던 김치를 생각하니 입안에 군침이 감돈다. 눈 쌓인 겨울날에 뒤뜰 대나무 숲에서 사그락거리는 바람 소리를 들으며 어머니가 퍼다 주신 항아리 속의 김치가 사뭇 그립다. 어머니가 우리에게 하였듯이 내 아이들에게도 숙성된 김치로 건강을 돌볼 수 있도록 해주고 싶다는 생각을 가져본다. 지금은 비어있지만, 저 항아리들 속이 채워질 그 날을 생각하면 괜히 부자가 된 것 같아 마음도 풍요로워 진다. (2016)

# 송년회

밤공기가 쌀쌀하다. 모레가 크리스마스인데 주변이 조용하다. 캐롤송도 들리지 않고 보이는 것은 거리에 성탄 탑을 만들어 놓은 것이 전부이다. 송년회 장소에 가기 위해 자동차는 평화로를 달린다. 가족들은 일찍 출발했다. 근무시간이 맞지 않아서 동행하지를 못했다. 남편은 한 시간만 빨리 올 수 없냐며 전화도 왔지만 그러고 싶지 않아서이다.

장거리를 혼자 가려니 늘 다니는 길이건만 참으로 멀게 느껴진다. 주위에는 바람 소리와 자동차 불빛과 높이 떠 있는 초승달뿐이다. 오늘따라 초승달이 사람처럼 가깝게 느껴진다. 밤길을 외롭지 않고 무서움을 덜어주는 느낌이다. 잔잔하게 웃으며 함께 가듯 안온하다.

어느새 송년회 장소에 도착했다. 모임 시간이 많이 늦어 미안한 마음을 갖고 있었는데 안에 들어서며 “늦었습니다.”라고 인사를 하는데 모두 다 박수로 맞아 환영해 주는 것이 아닌가. “수고했네.” “어서 오세요.”라며 다들 따뜻하게 한마디씩 건네주는 것이다. 이미 식사는 끝나는 모습이지만 조카가 내 옆에서 수발을 한다. 누가 먼저라 할 것 없이 서로에게 안녕을 묻고 나누면서 식사는 끝이 났다.

우리는 자리를 옮겼다. 모두가 낙오 없이 참석해서 함께 어울릴 수 있는 홀이 큰 방이었다. 앉아있는 사람은 한 사람도 없었다. 그곳에서는 모두가 한마음으로 어우러졌다. 노래와 춤이 어우러지고 장단에 맞춰 모양도 달라진다. 시간은 힘을 가하지 않아도 자기의 갈 길을 묵묵히 가나 보다.

아쉬움을 뒤로하고 헤어졌다. 돌아오는 길은 마음이 편안했다. 일 년 동안 쌓여있던 무게를 내려놓은 기분이다. 힘들고 어렵다는 요즘 나는 이 가족들이 있기에 꿋꿋하게 나갈 것이다. 온 가족을 위해 배려하고 힘을 실어주려고 애를 쓰는 가족이 있기에 태산도 옮길 것이다.

각자가 자신의 맡은 임무를 충실하게 해서 각자의 위치에서 한 송이씩 꽃을 피우다 보면 한 다발의 꽃이 될 것이다. 자신의 꽃나무를 가꾸는 일을 소홀히 하지 말고 꽃을 피워 향기를 나누는 행복한 삶을 소망한다. (2007)

# 피할 수 없으면 즐기자

업무차 서귀포를 다녀왔다. 안전한 길을 택해서 늘 평화로를 이용한다. 그런데 오늘은 순간 새로운 길을 도전하고 싶은 욕망이 꿈틀거리며 당당한 척 마음을 가다듬고 5 · 16 도로를 향해 핸들을 돌렸다. 길의 성질을 모르니 속도는 줄였다. 달팽이관처럼 생긴 길을 달리면서 불안한 마음이 들었다. 감이 잡히지 않을 만큼 꼬불거리는 것을 보며 무엇이든 곡선의 방향을 즐기는 나를 보는 듯 했다.

13년 전 가을 어느 날 우연한 인연으로 식품회사와 인연을 맺었다. 결혼 후 처음으로 나의 일을 선택할 때의 일이다. 어떠한 일을 함에 있어 선택하는 일을 참으로 고민을 많이 한다. 온 가족이 의논하고 동의를 얻은 후 일을 시작했다. 하지만 보여지는 것처럼 일이 만만하지가 않았다.

초보자의 눈에 보이는 유통환경은 총성 없는 전쟁터였다. 삶이 치열하게 느껴졌다. 전업주부로서만 살던 때와는 또 다른 세상이었다. 온실 속의 화초같이 생활하던 나로서는 너무나 감당하기 어려웠다. 적응이 어려워 턱밑까지 그만두고 싶은 마음이 들었지만 한 번도 그만두겠다는 말은 하지 않았다. 공표하는 순간 나 자신이 한없이 무너져 버려 새로운 일을 도전할 수 없을 것 같은 생각이 들어서이다. 그래서 생각을 바꿨다. 내가 사랑하는 어버이가 경영하는 회사에 다닌다고 생각을 하니 마음이 한결 즐거웠다. 그러던 어느 날 모 방송사에서 연락이 왔다. 누군지 모르는 사람인데 추천을 했다는 것이다. 나의 일과를 방송에 보내고 싶다는 내용이었다. 촬영하면서 인터뷰 내용 중에는 "좋은 환경 속에서 편안한 직장도 많은데 유독 그 회사를 고집하는 이유라도 있느냐"라는 내용이었다.

"좋은 여건에서 오라는 곳도 많았다. 입사 8개월에 창업주이신 회장님을 뵐 기회가 있었다. 회장님의 첫 모습은 너무 검소하시고 스스로 삶을 실천하시는 모습을 느꼈고 이 직장은 믿고 다닐 만하다는 생각이 들었다. 직장인의 이전에 두 아이의 어머니다. 또한, 한 남자의 아내이다. 한 가정의 딸이고 며느리이다. 돈을 벌기 위해 시작한 직장이지만 돈보다 더 중요한 것을 깨달았다."라며 인터뷰를 마쳤다.

요즘 사회의 흐름이 힘들고 어려운 일을 회피하는 시대이다. 봉급을 더 준다면 여지없이 다녔던 직장을 훌훌 털어버리고 이직하는 것을 자주 보았다. 상사와의 불화로 인해 하루아침에 직장을 그만두겠노라고 통보하는 사람들도 많이 보아왔다. 그것은 사랑하는 마음이 없이 직장을 다니기 때문이라는 생각이다. 그런 시대 속에서 자양분을 받으면서 살아가는 우리 아이들이 무엇을 보고 배울 것인가 하는 생각에 나는 헤어나지를 못했다. 경쟁이 심한 유통업계에 종사하는 한 사람이지만 그것을 극복하는 것이 내 아이들에게 산교육이 될 것이라는 생각이 들었다. 남편한테도 시댁과 친정에도 나의 참모습을 보여드리고 싶었다. 누군가 '일을 피하지 못하면 즐기라'고 했던가. 어떠한 어려움도 회피는 말자. 극복하자며 하루같이 생활하다 보니 어언 13년이 되었다. 일의 고달픔도 있었지만 즐거움이 더 크다는 깨달음을 얻었다.

유통업계에 종사하면서 힘이 들 때마다 떠올리는 꽃이 있다. 그 꽃은 아무도 느끼지 못하는 어두운 진흙탕 속에서 아름답게 피어나는 연꽃이다. 지금 내가 있는 환경이 어쩌면 진흙탕 속의 어두움 같을지라도 그 속에서 한 송이 꽃이 향기롭게 피어날 것을 나는 믿는다. 어려움 속이지만 그 속에서 꿋꿋하게 피어나는 한 송이 연꽃처럼 나의 모습도 아름답게 피워 올릴 것을 소망한다. 오늘따라 정갈하게 피어오르는 연꽃이 사뭇 그리운 저녁이다. (2007)

# 가는 봄, 붙잡을 수 없는 이별

며칠 전 어머님 장례식을 마쳤다. 임종 하루 전 감기로 입원해서 3일 후면 퇴원할 것 같다고 한다. 그런데 늦은 밤 호흡 곤란으로 중환자실로 옮겨졌고 다음 날 임종을 하셨다.

임종 그날은 시댁에 묘제가 있어서 참석하였다. 어머님의 입원이 마음이 놓이지는 않았지만, 시댁의 일도 중요한 터라 이른 아침 남편을 따라나섰다. 묘제는 시작이 되었고 제주도 전역에서 모여든 친척들과 함께하다 보니 어느덧 점심시간이 되었다. 묘제가 막바지에 이르고 분주함 속에서 전화를 받지 못하였는데 부재중 전화의 횟수로 보아 어머님의 위독함을 알았다.

남편과 병원으로 향했다. 중환자실을 찾았는데 안 계셨다. 가족들과 전화연결도 안 되고 서성이는데 일반병실 독방으로 옮겼다는 언니의 급한 목소리가 들렸다. 승강기를 기다리는 시간도 아까워서 5층을 단숨에 올랐다. 병실에 들어서는데 대학병원에서 의사인 조카가 어머님의 심폐소생술을 하고 있었다. 조카의 손을 밀치고 어머님 심장에 귀를 대어보니 이미 박동은 느끼지 못했다.

87년 동안의 기나긴 여행을 마치고 다른 세상을 향해 들어서는 순간이었다. 입원하고 퇴원하기를 거듭해서 다시 퇴원하실 줄 알았는데 영영 돌아오지 못할 그 길을 향해 발걸음을 옮기고 있었다. 2015년 4월 26일 오후 3시 1분, 조용히 침대 위에 누워계셨다. 어머니를 하염없이 불러 보았지만 아무런 대답도 하지 않았고 따뜻한 체온이라도 느끼고 싶어서 온몸을 샅샅이 만져 보았다.

손수 만들어 보관해 두었다는 수의와 영정사진을 가지러 동생을 데리고 친정집에 다녀왔다. 생전에 손재주가 있어서 동네 어르신들의 수의를 만들어드렸다는 말을 전해 들은 적은 있지만, 당신이 입고 갈 수의를 만든 것은 한 번도 본 적이 없었다. 집안 어르신들이 모인 가운데 장례지도자 앞에서 어머님의 수의를 펼쳤다. 하얀 명주로 만든 수의가 흐트러지지 않게 바늘로 듬성듬성 꿰매어 놓은 것이며, 오목조목하게 만들어 놓으신 것들을 하나씩 보면서 어머님의 성정을 알 수 있었다. 수의와 함께 보관된 댕기 미리는 어머님 처녀 시절의 머리를 자른 후 손질하여 준비하였다 하는데 이런 경우는 장례지도자도 처음 보았다고 한다. 수의를 만들어 보관하신 것을 보고 어머님의 성향을 짐작한다며 혀를 내두른다.

입관이 시작되었다. 목욕을 마친 후 수의를 입히고는 진주와 젖은 쌀을 자식들이 돌아가면서 입안에 넣어 드렸다. 저승길 가시다가 땀나시거든 땀을 닦으시며 가시라고 삼베조각도 넣어 드렸다.

저승에서는 이승에서처럼 너무 일을 많이 하지 말고 넉넉하고 편안하게 지내시라고 다라니를 많이 드렸다. 다라니는 저승에서 사용하는 노잣돈이라 한다. 가시는 길에 어려운 이웃을 만나면 조금씩 나눠주고 먼저 가신 조상님들께도 드리시라며 다라니를 한 보따리 관 속에 넣어 드렸다.

마지막으로 어머님께 하고 싶은 이야기를 하라는 장례지도자의 허락이 있었다. "옆에 계실 때 더 잘해드리지 못해, 더 많이 함께하지 못해 죄송합니다." 이제 후회한들 돌아오지 않고 다시는 만날 수 없는 세상으로 가셨다. 힘들 때마다 나의 육신을 의지했던 큰 산이 흔적도 없이 사라진 기분이다. 어디에도 어머님 같은 편안한 산은 없다.

모든 걸 내려놓아서인가 어머님의 얼굴은 어린아이 같았다. 어린아이 손처럼 고운 손은 열 손가락 모두 펴서 모든 것을 내려놓으셨다. 고요하게 잠들고 있는 어린아이 같은 모습을 보면서 이승보다 더 편안하고 좋은 곳으로 가신다고 생각했다. 천상의 선녀를 본 적은 없지만 하얗고 고운 피부에 하얀 명주옷을 입으시니 지금의 어머님은 천상의 선녀일 거라 생각을 한다. 천상의 나라에서 해맑은 함박웃음 지으시며 선녀 옷을 입고 돌아다니시는 어머님의 모습을 그려 보았다.

생전에 자식들 앞에서 얼굴 찡그리는 모습을 한 번도 본 적이 없다. 힘들고 어려운 일도 많았을 텐데 지혜롭게 극복하시며 잘한다고 칭찬만 하시던 어머님은 이 세상 일곱 송이의 꽃을 아름답게 피우시고 그 꽃향기를 즐기며 기뻐하셨다.

장례식 날 발인식 전에 하늘에는 무지개가 곱게 피어있었다는 말을 딸아이를 통해 전해 들었다. 할머니의 귀천歸天을 하늘나라에서 환영한다는 무지개라면서 무지개 이름을 '할 무지개'라 붙였다 한다. 그랬을 것이다. 험난한 이승에서 살았지만 천상의 여자였다. 백옥같은 피부에 늘 웃으시며 속상한 일이 있어도 화를 내지 않고 늘 기다려주고 북돋아 주셨다. 양지공원에 고이 모시고 내려오는데 부연 는개가 소리 없이 내리고 까마귀 울음소리가 발자국을 따라온다.

장례식을 마치고 어머님이 생전에 지내셨던 친정집으로 갔다. 나무 대문을 활짝 열고 들어서자 보이는 곳은 과수원의 노란 귤, 꽃밭에는 싱그러운 분재와 다양한 꽃들이 피었다. 주인 없는 빈집, 저 꽃밭에 피어나는 꽃들의 향기는 천상에 닿아 어머님을 만날까. 갑자기 주인을 잃어버린 식물들이 애처로워 보인다.

천국에서 영면永眠을 바라는 길트기와 귀양풀이를 하였다. 그 과정에서 저승 가서 쓸 수 있는 노잣돈이라 하여 다라니도 드렸고, 열두 벌의 옷을 준비하였다. 그 옷들은 어머님이 저승 가서 망자들께 선물한다기에 일일이 망자의 이름을 써서 태워 드렸다. 생전에 어머님께서 하고 싶다던 유언을 모두 마무리하였다. 장례식 첫날은 고인이 살던 집을 돌아보러 오신다고 해서 안방과 거실에 불을 밝히고는 친정집을 뒤로하고 가족이 있는 집으로 돌아왔다.

광야廣野를 향해 목 놓아 울어도 붙잡을 수 없는 봄, 그, 붙잡을 수 없는 계절로 어머님은 가셨다. 보고 싶을 때 한걸음에 달려가면 맨살로 품어주시던 체온이며, 일곱 형제의 삶의 난제들을 지혜로 풀어주시던 어머님은 이제 마음속에 살아 계실 뿐이다. 살아생전에 육신으로 체감한 어머님의 성정과 질곡의 역사에서 고인의 세월을 스스로 정화하며 살아온 여인의 모습을 가슴에 기리며 어머님처럼 고운 모습으로 살아가리라. (2015)

# 그림을 그리며

그림을 처음 시작한 지는 꽤 오래전이다. 삶이 여의치 않아서 접고 있었는데 올여름 다시 그림 공부를 하게 되었다.

유난히도 덥다는 올여름에 그림을 그리며 더위를 즐겁게 보내는 중이다. 조금만 움직여도 땀이 흐르는 찜통더위 속에서 붓은 나를 열정으로 이끌어 주었다. 그림을 그리고 있노라면 그 속에서 휴식이 되고 에너지가 솟아난다. 지속되는 무더위 속에 내리는 단비같이 마음이 촉촉하고 여유롭다.

요즘에는 예전의 그림 공부와는 다른 '선묵화'를 공부하고 있다. 스승님의 가르침에 따르면 '선묵화'란 선禪을 주제로 그림을 그리는 것이고 선禪에 대한 깊은 수행을 한 사람들이 그린 작품이라 들었다. '선묵화'를 그리면서 수행에 관한 생각을 자주 하게 된다. 삶이 바빠서 명상이나 수행의 시간을 따로 갖지는 못하지만 선묵화를 그리기 위해 마음을 고요하게 가다듬고 그림을 그리는데 이 시간만큼은 수행자의 마음이 아닌가 싶다.

무더위 속에서 휴식을 위해 선묵화를 그린다. 사람의 얼굴을 그렸는데 눈동자 그리는 것이 어렵다. 종이를 펴놓고 종이 한 장 가득 눈동자만을 그리는데 딸아이가 "엄마 종일 그리는 그림을 가만히 보니 눈동자 같은데 어떻게 종일 눈동자만을 그리십니까"라고 묻는다. "사람의 얼굴에서 눈동자가 큰 비중을 차지하는데 눈동자를 마음대로 잘 그리지 못하여 그린다"라고 했더니 방싯 웃음을 보내면서 "엄마 잘하고 있어요."라며 격려를 해 준다. 이렇게 눈동자만 그리다 보니 예전에 참새를 그리던 기억이 떠오른다.

참새 그림을 그리려고 시작하였는데 그리는 참새마다 장애가 있는 참새를 그렸다. 온전한 참새를 그리기가 쉽지 않았다. 그때 내가 생각한 것은 될 때까지 그려보자 한 마리의 온전한 참새를 위하여 천마리의 참새를 그려보자며 천마리의 참새에 도전한 적이 있다. 한 마리의 건강한 참새가 태어나는 그 날은 세상을 모두 얻은 듯 세상에 부러울 것이 없는 환희의 순간이었다.

무더운 여름날에 온화하고 예쁜 눈동자를 그리기 위해 화선지畫宣紙를 펴놓고 먹을 갈며 마음을 정리한다. 온전한 마음 상태로 그림을 시작하면 예쁜 눈동자가 그릴 수 있을 것 같은 믿음으로 마음을 다잡아본다. 내 마음이 정갈할 때 붓놀림으로 그린다면 좀 더 원하는 눈동자를 그릴 수 있겠지. 사람의 마음을 빠져들게 하는 눈동자, 사랑이 충만한 눈동자를 통해 세상을 품을 수 있는 그림을 그리고 싶다.

아무도 없는 고요한 방안에서 사람의 얼굴을 그렸다. 화선지 위에 붓으로 그린 그림이 나를 보고 웃는다. 나도 함께 웃는다. 종이 위에 그려진 그림을 손으로 어루만진다. 눈물 날 것 같은 감격이 밀려온다. 나의 또 다른 분신이 종이 위에 탄생한 것이다.

자식을 낳고 온 정성으로 기르듯 종이 위에 탄생한 그림도 좀 더 아름답게 성장할 수 있도록 정성으로 키울 것이다. 고비마다 어려움도 있겠지만 어려움을 통한 희로애락이 있을 터이니 그날을 기다리며 오늘도 더위보다 더 더운 열정으로 먹물에 붓을 찍는다. (2018)

# 다문화를 수용하는 마음

며칠 전에 온 가족이 저녁에 외식하고 왔다. 집 근처에 있는 식당인데 홀 서비스를 담당하는 직원들이 20대로 보이는 여성과 남성이다. 외모로는 아무것도 드러나지 않았는데 음식을 주문하는 과정에서 외국인임을 알았다.

실수가 없어야 한다는 마음이 그들의 얼굴에서 엿볼 수 있었지만, 언어가 원활하지 않아서 그들의 마음이 아닌 뜻하지 않은 실수도 보였다. 그때마다 나는 남편을 비롯한 가족들에게 기다려주자고 말했고, 무언가 서둘러 미리 음식을 가져와도 그들이 당황할까 수고했다는 말을 먼저 전하면서 미소도 함께 보냈다. 아무 연고도 없이 낯선 땅에 와서 모든 것이 어색하기만 하고 무거운 마음일 터인데 누군가에게 잘못을 지적받는다면 그들은 스트레스가 생기고 일을 하면서도 즐거움이 없어질 것이다.

사회복지를 공부하면서 그 속에서 다문화 사회 복지를 조금 공부하게 되었지만 나 자신에게 많은 변화가 있었다. 그동안 외국인에 대한 무관심, 편견, 차별은 하지 않았나 하는 마음이 들면서 그들을 향한 나의 마음의 문이 열리고 있음을 느꼈다.

매체를 통해 외국인에 대한 기사를 관심 있게 읽게 되고 곳곳에서 흘러나오는 외국인에 대한 사연들이 들리기 시작하면서 그들의 어려움을 나누고 싶은 마음도 생겼다. 무엇보다도 주위에 있는 외국인 결혼이민자들이 아이들과 함께 생활하는 모습에도 관심을 두고 있음을 알았다.

특히 우리나라에는 결혼이민자와 외국인노동자 유입이 많다는 자료를 보면서 그들을 대하는 우리의 마음이 변해야 하고 그들을 위한 나눔이 실천되어야 한다는 생각을 하게 되었다. 그들과 함께해야 한다면 편견과 차별을 버리고 따뜻하게 보듬어주는 아름다운 마음이 필요하지 않을까. 다양한 나라에서 다양한 사람들이 많이 유입되었는데 그들은 그들만의 문화적 특성이 있다. 그 사람들에게 변화하기를 바라기 이전에 그들의 문화를 배우고 이해하여 그들을 대하는 나의 마음이 먼저 변해야 한다. 그들만의 고유한 문화적 특성을 유지하도록 도와주는 것도 우리의 몫이란 생각이다. 다양한 문화적 배경을 가진 그들과 공존하면서 다양한 문화요소들 때문에 우리나라가 더욱더 발전할 수 있고 문화적으로 더 많은 선택의 기회가 있게 되고 많은 경험을 하게 되리라는 생각이 스친다.

우리나라에 거주하는 모든 외국인이 외롭지 않게 우리가 함께해준다면 그들의 삶도 행복하고 그들도 진정 우리나라를 위해 아낌없이 노력하고 우리나라 발전에 이바지할 것이라 본다.

시詩 한 편을 적고 싶은 생각이 스치는 시간이다.

푸른 산빛 머금고
나도 피고
너도 피어
우리 모두 함께 피면
온 산 가득 꽃이 피겠지

꽃향기 찾아서
천릿길
만릿길도
쉬지 않는 날갯짓으로
구름처럼
벌 나비도 오겠지

나의 노력 너의 노력이 모여서 풍성한 문화가 빛나는 우리 다문화 사회가 아름다운 하나의 향기로 가득해야 한다는 생각을 고요한 아침에 차향기와 나눈다. (2018)

5부

# 추억의 돌담

# 오일장 맛은 꿀맛

얼마 전 가족들과 재래시장을 탐방하였다. 오랜만에 가서 그런가 많이 변하였다는 생각이다. 점포마다 분위기도 기업화 적인 이미지가 보였고 그곳을 찾는 사람들도 예전보다 많이 달라 보였다.

어린 시절의 오일장을 떠올려 보면 정이 많고 따뜻했으며 많은 물물교환이 이루어졌고 삶의 수단이 되었지 않았나 하는 생각이 아련히 떠오른다.

옹기종기 여러 식구가 모여 살던 고향 집에서 오일장 가는 이동거리는 버스로 삼십여 분쯤 지점에 있었다. 어릴 적 오일장은 동경의 대상이 되었다. 어머니를 따라 오일장을 구경하고 싶어도 언니 오빠들이 있어서 마음속에서만 갖고 있었다. 어느 날은 어머니가 새벽 버스를 타고 오일장 간다는 것을 알고 이른 새벽에 일어나서 아무도 모르게 버스정류소 인근에서 기다리다가 어머니를 따라간 적도 있다.

어린 마음에 처음 가보는 오일장은 신천지 같았다 조용한 시골 마을에서 살다가 왁자지껄하는 소리도 새로웠고 얼음과자를 파는 아저씨의 목소리도 신기했다. 찹쌀떡 파는 아저씨의 판매하는 모습도 너무나 별나 보였다. 어머니는 볼일을 마무리해서 버스 시간을 맞추어 집으로 돌아가야 하는데 나는 종일 구경해도 지루하지가 않을 것 같았다. 울퉁불퉁한 비포장도로를 뿌연 먼지 날리며 달리는 자동차 안에서의 흔들림도 나는 왜 그렇게 좋았던지 지금 생각하면 모든 것이 낭만이었다.

어느 날은 어머니가 새끼돼지 두 마리를 팔기 위해 언니를 데리고 오일장을 간 적이 있었다. 버스에서 내리고 오일장까지는 대나무 바구니에 새끼돼지를 짊어져서 걸어야 하는데 쉽지가 않았던 것 같다. 오일장을 구경할 마음에 따라나섰는데 대바구니 속에서 새끼돼지는 꽥꽥거리며 흔들거렸다. 그런데 새끼돼지는 팔리지 않았다. 언니는 어머니 몰래 돼지를 도망가라며 풀어줘서 어디론가 보냈다는 말이 있었는데 그 시절에는 황당했을 것 같다.

나는 지금도 어릴 적 오일장을 생각하면 마음이 설렌다. 삶이 어려운 시대에는 삶의 현장이었으나 어린아이의 마음으로 바라보는 오일장의 모습은 신기할 뿐이다. 어릴 적 생각에는 오일장에 가면 원하는 모든 것들이 다 있는 줄 알았다. 옷도 많았고 맛있는 음식도 많았다. 무엇보다도 엿장수가 가위를 움직이는 손놀림이 신기했고 엿가락 또한 표현할 수 없는 맛이었다.

50년의 세월이 흘러도 유년의 내 입맛을 장악했던 그 맛은 잊을 수가 없고 아무리 음식문화가 발달하여 다양한 곳에서 다양한 요리를 선보이고 있지만, 그 시절 오일장의 황홀했던 맛은 지금 생각해도 꿀맛이다. (2019)

# 시골에서의 생활

지금으로부터 18여 년 전의 일이다. 남편의 직장을 따라 제주시에서 버스를 타고 1시간쯤 걸리는 지역으로 이사를 했다. 바다가 인접해있어 바람 고요할 날이 없었다. 주말이면 대나무를 이용하여 온 가족이 갯바위 낚시를 즐겼다. 무더위가 한창인 여름에도 집 안에 있으면 자연바람이 솔솔 내 볼을 기분 좋게 스친다. 그곳에는 뇌염모기가 많았고 여름철 방충망에는 모기와 하루살이가 떼를 지어 몰려와 눈에 불을 켜고 달려든다. 사람을 만나면 공격할 태세다.

생활하면서 불편함은 없었다. 자연의 향기가 좋았다. 흙냄새 폴폴 날리는 한여름의 소나기가 좋았고 거리를 지날 적에는 돼지우리의 냄새도 그리 나쁘지는 않았다. 농번기가 끝나면 밭에 불을 피우는 것이 바람결에 실려오는 냄새는 시골에서의 정을 느끼게 했다. 바쁜 생활 속에 잊고 지내던 식물에도 관심을 두게 되었고 시골인심이 좋아 사람의 냄새를 느낄 수 있었다. 이웃에 사는 사람들은 삼

촌, 이모라고 호칭을 하였다.

젊은이들이 직장과 교육을 따라 도시로 많이 떠났고 대부분 노인이 많았다. 우리 가족이 살던 집은 흙마당과 옥상이 있는 주택이었는데, 그곳에서 고추장, 된장, 장아찌, 간장 담그는 법을 처음으로 배웠다. 옥상에 놓여있는 항아리 속에서 된장, 간장이 구수하게 익어가고 항아리 숫자는 점점 늘어만 갔다. 항아리를 젖은 행주로 닦는 날이면 어머니가 장을 담그는 모습을 생각하곤 했다. 어린 시절 장을 담그는 어머니를 도와드렸던 시간이 공부가 되었다. 삶은 콩으로 메주를 만들어 통풍이 잘되는 그늘에서 새끼줄로 메주를 매다는 일을 도와드리기도 했다. 항아리 속을 보고 있노라면 왠지 부자가 된 듯 마음이 풍성하고 넉넉해진다.

농번기가 끝나면 소풍 삼아 이삭을 주우러 갈 때도 있었다. 그날은 내가 농부가 된 기분이다. 흙도 마음껏 만질 수 있고 나무들도 나를 반겨 자연과 하나가 된듯했다. 이삭을 주웠던 기억 중에 지금도 잊지 못하는 것은 알이 작은 양파다. 양파 장아찌를 담그기 위해 이삭을 주웠다. 잘 익은 장아찌를 4등분하여 둥근 접시에 올릴 때면 연못 속의 작은 연꽃처럼 곱다. 어설프지만 내 손으로 직접 만들어 이웃에 나누면서 나눔이란 이런 기쁨이구나 하며 나눌 수 있는 것은 무엇이든지 나누리라는 마음을 갖게 되었다.

겨울에는 연탄을 피웠고, 여름에는 마당 한쪽에서 모기를 쫓으려고 마른 쑥으로 불을 피웠다. 마당 한구석에는 끝이 안 보일 정도로 깊은 우물이 있었다. 자신의 영역을 표시라도 하듯 점액으로 번

꺽이는 길을 만드는 달팽이가 장마철에 유난히 많았고 귀뚜라미 무리가 어디서 왔는지 창고 안의 벽을 가득 채울 때가 많았다. 논밭이 인접해 있어서인가. 비가 많이 내려 마당에 물이 고이면 어디선가 미꾸라지가 펄떡이며 나타난다. 그 모습은 자연학습 현장 그대로였다.

여름철 초저녁에는 지는 해가 마루에 들어오면 지붕 밑 후미진 곳에서 놀았다. 작은애를 품에 안고 큰애와 공차기를 하던 기억이 새롭게 다가온다. 큰애는 아들인데 지금은 많이 커서 엄마가 만들어 주는 음식은 무엇이든 맛있다고 한다. 특히 된장국을 좋아하여 중학교 2학년 때는 학교에서 야영을 가는데 콩나물 된장국을 끓인다며 준비를 하고 가서 지금도 아들 친구들을 만나면 그 이야기를 하곤 한다.

외출은 할 수 없었지만 어쩌다 볼일이 생기면 셋이서 분주하게 외출을 한다. 쌍둥이 같은 아이들이라 둘을 한꺼번에 업어서 다니기도 하고, 한 아이는 업고 한 아이는 안고 외출을 할 때도 있었다. 아이들과 나들이를 할 때는 내 시야에 들어오는 모든 것들은 아이들에게 동화처럼 들려주었다. 간판의 이름, 지붕의 모양과 색깔, 외양간의 냄새, 황소의 색깔, 소의 울음소리, 숭숭 뚫린 돌담, 구름의 모양, 바람의 방향, 시골 특유의 냄새 등이다. 이야기를 하다 보면 아이와 교감을 하는 기분이 들었다. 늘 자연의 아름다움을 동화처럼 읽어주는 일은 외출을 할 때마다 계속 이어지고 아이들도 말은 못 하지만 조용히 엄마의 얼굴을 바라보며 눈빛으로 교감을 나누었다.

땅거미 내리는 시간이 되면 셋이서 마을 어귀에 나가서 남편을 기다렸다. 그 자리는 어느덧 우리들의 아지트가 되었다. 그곳에 가면 자동으로 레퍼토리가 있었다. 돌멩이로 탑을 쌓는 일, 풀꽃에 관한 이야기 나누기, 동요 부르기, 동화를 들려주기다. 시외버스가 지나가면 반가운 사람을 배웅하듯 손을 흔들어 주기도 하였다.

남편을 마중하던 자리에는 들에 나가 일을 마치고 돌아오는 이웃집 어른들도 마중하게 되어 만남의 장소가 되었다. 그 어른들은 모두가 나의 부모님 같았다. 친손자 손녀를 만나듯 우리 아이들을 반갑게 맞이하여 주었다. 흙 묻은 손으로 안아도 주었다. 시커먼 먼지가 얼굴에 덮여서 인디언 모습을 하고 하얀 치아를 들어내며 아이들 볼에 뽀뽀도 해주었다. 처음에는 적응이 잘 안되었지만, 시골 어머니들의 사랑표현방식이라 생각하고 고맙게 받아들였다.

농번기가 끝나면 누가 먼저라 할 것 없이 집에 사람이 있으나 없으나 농산물이 수북하게 쌓인 바구니를 현관에 놓고 간다. 주방 창고는 언제나 농산물로 가득했다. 덤으로 따뜻한 마음과 훈훈한 인심도 듬뿍 담겨있어 창고 안을 바라볼 때마다 내 마음도 풍요로웠다. 도움을 받으면 무엇으로든 갚으려 한다. 시골의 어른들이 나누는 아름다운 모습처럼 나도 이웃과 나눔을 생활화하는 소망의 씨앗을 가슴에 품어본다. (2015)

# 봄이 되면 더 아려온다

며칠 후면 4·3사건 67주년이다. 슬픈 영혼들이 찾아오는지 4·3 추념 일에는 안개 내릴 때가 많다. 세상에 태어나기 전 사건이라 슬픔의 깊이는 덜 할지도 모른다. 언제부터인가 시詩낭송 활동을 하다 보니 4월이 되면 숙제처럼 4·3에 대한 시를 낭송하게 된다. 조금이나마 희생자들의 넋을 위로한다는 생각이 들어서이다. 때로는 유적지를 답사하며 유적지 해설사에게 4·3의 아픈 역사를 들은 후의 낭송은 목이 메어 말문이 막힐 때도 있다.

며칠 전에는 애월읍 어음리에 있는 빌레못동굴에 다녀왔다. 4·3 사건 67주년 행사를 하기 위한 사전 답사이다. 빌레못동굴을 가는 도중에 4·3으로 인해 불타버린 원동마을을 잠시 찾아서 옛 모습을 둘러보기도 하였다. 그곳에는 아직도 주인을 기다리는지 대나무들만이 무성할 뿐이다.

하늘은 맑고 새소리도 청아하다. 빌레못동굴을 가는 도중에 빌레못을 보았고 그곳에는 물이 고여있고 수련이 물 가운데 있다. 소금쟁이 같은 생물들이 물에서 헤엄쳐 다니기도 하였다. 빌레못의 수련을 보면서 한여름에 피어날 꽃송이를 상상하노라니 이곳에 답사하는 이유를 잠시 잊기도 하여 스스로 놀라기도 하였다.

한참을 못 둘레를 서성이면서 알 수 없는 마법에 끌린 듯 자꾸만 무언가에 빠져들고 있었다. 잊고 지내던 시골에서 보낸 유년의 시간을 이곳 빌레못을 보면서 돌이키고 있었다. 그 무엇으로도 바꿀 수 없는 시간이었다.

부모님을 따라 밭이나 들에 나갈 적의 일이다. 목이 마르면 의심의 여지도 없이 밭 가운데 고여있는 개구리가 놀고 있는 물을 마시기도 하였다. 엎드려 마시거나 바가지 대신 두 손을 붙여서 물을 받아 마시던 일이 지금도 가슴에 젖어온다. 생각하면 지금의 지하 암반수에서 퍼 올린 물이 그때의 물보다 맛이 더 좋을까 싶다. 때로는 소나 말의 우물이 되기도 하지만 사람이 먹을 수 있는 물을 동물들에게도 먹여야 한다는 것을 시간이 많이 흘러서야 알게 되었다.

빌레못에서 동굴까지는 얼마 멀지 않았다. 동굴 입구를 보면 작은 동굴의 느낌이 들었고 철창살 문에 자물쇠가 굳게 잠겨 있어서 굴속은 짐작이 안 된다. 안내표지를 보면 총 길이 11,749m로 세계 최장의 용암 동굴이며, 다른 용암 동굴과는 달리 미로 굴이라 불릴 정도로 복잡하게 얽혀 있고 천연기념물 342호로 지정되어 있다고 한다.

그곳에는 이제 4·3의 흔적은 찾아볼 수 없고 주위에는 4·3의 영혼들이 환생한 것일까 다양한 꽃들이 피어있다. 이제는 그날의 아픔은 잊고 화해와 상생의 세상이 되라는 주문으로 여겨지기도 한다. 전해 들은 바로는 동굴 주변에는 수증기가 나오는데 여름철에는 시원하고 겨울철에는 따뜻하여 식물들이 자라기에 좋은 환경이라 한다. 동굴 입구 주변에는 봄꽃들이 만개하여 현무암과 조화를 이루어 작은 정원을 방불케 한다. 67년 전 이곳에는 굴속에 숨어있다가 토벌대에게 잡혀서 집단 총살을 당한 비극이 현장이라 한다. 한 사람이 겨우 드나들 수 있는 만큼의 굴 입구에서 어머니가 보고 있는 앞에서 어린아이의 목숨을 빼앗아가는 황당한 일도 있었다는 말을 들어서 가슴이 미어졌다.

빌레못동굴 사전 답사를 마치고 돌아오면서 4·3의 아픈 역사를 한 번 더 깊이 있게 생각하게 되었다. 굴속에서 배고파 굶어 죽은 어머니와 여자아이, 아버지와 아들의 사연도 읽으면서 마음이 아팠다. 시대를 잘못 태어난 것이 죄인가. 피어나지도 못해 굶어 죽은 영혼들을 위로하며 올해도 빌레못동굴에 대한 해설을 들은 후 시詩 낭송을 하려면 가슴이 먹먹할 것이다.

4·3유가족의 아픔을 들어주는 것도 나의 일처럼 늘 열린 마음으로 그들과 함께하고 있다. 함께 나누어 조금이나마 그들의 아픔과 슬픔을 줄이고 살아갈 수 있다면 그것 또한 나의 몫이란 생각이다.

해마다 봄이 되면 4·3현장을 답사하고 시詩를 낭송하다 보면 그 때의 아픔이 나에게 전이되어 가슴이 아려온다. (2015)

# 추억의 돌담

얼마 전 서예전시 관련하여 저지예술인 마을에 다녀왔다. 예술인마을이 인접한 곳에는 황금벌판을 방불케 하는 보리가 누렇게 익어서 돌담이 울타리를 치고 있었다. 전시 관련만 생각하다가 뜻밖의 보리의 황금 물결이 일렁이는 보리밭을 보는 순간 나도 모르게 탄성을 지르게 되었고 돈으로 살 수 없는 큰 선물을 받은 기분이었다.

회의를 마치고 돌아오는 길에도 보리밭의 풍경을 다시 한번 볼 수 있어서 나도 모르게 유년의 고향을 만난 듯 감회가 새로웠다. 어린 시절에 보았던 보리밭을 둘러싼 돌담은 나에게는 생생한 그림책이었다. 자연이 주는 아름다움 속에 곤충들이랑 놀이를 할 수 있는 놀이터이며 자연과 곤충에 대해 꿈을 꿀 수 있는 꿈의 공간이었다.

보리밭을 가는 길은 돌담과 포장되지 않는 울퉁불퉁한 길이었고 그 길을 한참 동안 걸어서 갔다. 길을 걷다 보면 하얀 찔레꽃이 무리 지어 만발하게 피어있고 그 꽃을 감상하다 보면 시간을 잊은 적도 있었다. 그뿐인가. 찔레꽃 새순을 따서 돌담 위에 걸터앉아 아무런 의심도 없이 자연이 주는 맛을 느꼈던 기억도 아련하다.

나에게 돌담은 그냥 돌담이 아니었다. 돌담은 나에게 늘 이야기를 걸었고 나는 대답을 하면서 혼자서도 잘 놀았다. 혼자서 소꿉놀이할 때는 친구도 되어주었다. 납작한 돌을 주어다 그릇으로 사용하고 흙으로 밥을 만들기도 수제비를 만들기도, 칼국수를 만들기도 하면서 나는 돌담이랑 많은 추억을 만들었다. 풀을 뜯어서 채소를 만들고 인동초와 찔레꽃을 꺾어다가 돌담 사이에 꽂아서 화병을 만들기도 하였다. 밥상이 필요하여 큰 돌덩어리를 들지 못하여 굴리면서 끌어오다 보면 손을 다쳐서 며칠이 지나면 온통 멍이 들어 있기도 하였다. 어느 날은 너무 큰 돌을 옮기다가 손등이 다쳐서 손이 구부리지 못할 만큼 부었는데도 어머니에게 혼날까 봐 숨기다가 어머니에게 들켜서 어머니 마음을 아프게 한 적도 있다.

지금 유년 시절을 반추해 보면 어린 시절에는 도시에서 자라는 아이들이 무척 부러워했는데 어른이 되고 보니 나의 유년 시절은 돈으로 환산할 수 없는 최고의 환경이란 것을 뒤늦게 알았다. 자연이 주는 아름다움 속에 돌담을 친구삼아 놀던 그 어린 소녀가 지금은 중년의 끝자락에 와있는 모습을 보면서 그 시절이 사뭇 그리워진다.

자연이 주는 동화 같은 유년의 삶이 나의 인생의 밑바탕이 되어 자연처럼 청초하고 꾸밈없이 진솔한 삶을 살아가려고 애쓰는지도 모른다. 많은 사람이 사는 게 힘들다고 하지만 유년 시절의 자연을 통해 얻은 다양한 경험들을 마음속 깊이 차곡차곡 저장해 두어서 나에게는 삭막하다는 표현은 어울리지 않는 것 같다.

이 시간 유년의 활동무대였던 농로와 돌담과 찔레꽃 인동초가 무척 그립다. 자연이 나에게 주었던 무한한 사랑과 아름다움만큼이나 세상 사람들과 자연의 향기를 기쁨으로 나누고 싶은 밤이다. (2019)

# 와인과 시詩가 있는 저녁

분위기를 바꾸고 싶을 때는 집안에 꽃을 꽂는다. 퇴근길에 꽃 가게에 들렀다. 이 계절에는 노랑 빛깔이 돋보인다. 오늘따라 후리지아, 노랑 장미가 눈에 들어온다. 지금까지 장미 하면 붉은 장미를 연상하는데 오늘은 왠지 노랑 장미가 곱다. 하지만 후리지아도 꽂고 싶은 마음이다.

부드러운 노랑 빛깔과 향기가 나의 친구가 되어줄 것만 같다. 꽃을 사는데 옆에 놓여 있는 안개꽃에도 마음이 간다. 봄이라 그런지 생각보다 저렴하다. "꽃이 왜 이렇게 쌉니까."라고 여쭸더니 후리지아도 싸게 주고 안개꽃은 덤이라고 한다. 꽃을 사서 기분이 좋았는데 덤으로 준 꽃가게 주인의 고운 마음씨에 내 마음이 한결 더 좋아졌다. 가게 주인은 화원에서 생활해서 그 심성心性도 꽃을 닮았나 보다. 후리지아는 가느다란 대에 여러 개의 꽃을 피우면서 향도 그윽하다. 그 꽃은 안개꽃이랑 잘 어울린다. 안개꽃이 있기에 후리지

아가 더 돋보이는 것은 아닐까.

집에 와서 화병에다 꽃을 꽂았는데 가게에서 보는 것보다 더 화사하다. 우리 집안에 봄이 활짝 피어오른 듯 그 기운으로 내 마음도 꽃이 된 것처럼 마음이 피어오른다. 오늘 저녁 남편은 직장동료들과 회식이 있다 하고 애들은 학교에서 저녁을 먹고 온다. 요즘 들어 혼자 저녁 먹는 일이 부쩍 늘었다.

혼자 있는 저녁 시간이지만 이 저녁을 우아하게 지낼 생각을 하며 식탁 위에 화병도 놓고 촛불도 켜고 와인과 음악도 준비했다. 와인을 많이 마시지는 못하지만 좋아한다. 와인을 잔에 채우고 좋아하는 음악도 준비하였다. 고급 음식점이나 분위기 좋은 레스토랑에서만 기분을 느끼는 건 아니지 않은가. 나의 보금자리에서 거실에는 화초가 있고 벽에 걸린 액자에는 좋은 글귀와 그림의 작품들이 걸려있다.

집안 가득 은은하게 퍼지는 음악에 맞춰 낭송가 포스로 시詩 낭송을 하였다. 와인잔을 들고 발이 움직이는 대로 이리저리 서성이면서 여러 편의 시를 낭송하였다. 무대의 분위기를 느끼고 싶어서 무선마이크를 꺼내었다. 배경음악이 흐르는 이 공간에서 화초들이 관객이 되어 나를 지켜보고 있다는 마음으로 시詩 낭송을 하였다. 독백 같은 낭송이었지만 1인의 시간을 보내는 최고의 시간이었다.

와인잔을 들고 음악이 흐르는 거실로 자리를 옮겼다. 문득, 앞을 가늠하지 못할 만큼 비가 쏟아지던 지난 어느 여름밤이 떠오른다. 그날은 자동차 유리창에 흐르는 빗물 사이로 불빛이 보일 뿐 아무

것도 보이지 않았다.

늦은 밤 서귀포에서 돌아오는 길이었다. 빗줄기 속을 헤치며 목청껏 시 낭송을 하며 무서운 밤길을 달래고 있었다. 아무도 들어주는 사람은 없지만, 시와 빗줄기가 하나 되어 흘렀다. 큰 음성으로 낭송을 반복하다 보니 무서움도 잊은 채 어느덧 제주시로 들어섰고 마음도 안정을 찾았다.

지금 이 시각은 빗속을 가르며 낭송하던 그 여름밤이 생각난다. 시詩는 내 인생에 좋은 친구다. (2005)

# 음식으로 나누는 시간

카레 요리 수업을 많이 한다. 오늘은 퇴근하고 수업을 다녀왔다. 복지관 원생과 자원봉사자들을 대상으로 40여 명의 참가자가 모였다. 시간은 저녁 시간인데 하늘과 땅이 분간되지 않을 정도로 비가 폭포수처럼 쏟아진다. 야간운전이라 걱정이 앞선다. 혼자서 다녀온다는 것이 오늘은 왠지 걱정되어 직장동료와 동행하기로 하였다. 온종일 근무하고 피곤할 터인데 전화를 걸었더니 흔쾌히 수락하여 다시 한번 동료애의 따뜻한 마음이 가슴에 스며든다.

엉금엉금 빗길을 헤치며 도착하니 모두가 기다리며 환호한다. 오늘의 요리는 카레를 이용한 샌드위치이다. 카레의 원료는 다양한 천연 향신료가 들어가는데 그중에 강황의 효능이 우리 몸에 좋다고 한다. 강황 속의 커큐민이 카레의 효능을 결정짓는 중요한 성분이라 배웠다. 카레는 아무리 먹어도 넘침이 없는 명품제품이라 말하고 싶다. 이렇게 좋은 재료를 가지고 요리를 통한 나눔의 시간을 가질 수 있어서 뿌듯하다.

비가 내려서 그런지 마음이 차분해진다. 왠지 지난날이 자꾸 떠오른다. 지난 몇 년간 300~400여 회의 요리교실을 하였다. 회사의 도움을 받으며 다양한 응용요리를 전파할 수 있어서 늘 행복했다. 명품제품으로 훌륭한 요리를 진행하기 위하여 요리재료 준비는 항상 요리 당일 손수 시장을 보면서 준비를 하는데 즐거움 또한 크다. 늘 설렘이 있는 요리교실이 된다.

처음 시작한 요리교실은 유치원 어린이들을 대상으로 많이 했지만, 차츰 복지관 어르신, 문화센터, 초등학생, 대학생, 문화의 집 등을 통해 다양한 요리를 하였다. 어린이집은 요리교실이 끝난 후 잠깐이지만 동화책을 읽어주기도 하고, 복지관 어르신들은 부모님 같은 마음이 들어 손을 잡아 드리기도 하고 어르신들 말씀을 들어주기도 한다. 시식을 하는 동안은 어르신들이 좋아하는 노래를 불러 드리기도 하면서 훈훈한 시간을 보내곤 했다.

어느 날은 어린이들이 공부하는 문화의 집에서 카레 참치 샌드위치를 만들었는데 한 어린이가 샌드위치 한입을 베이먹고는 가만히 있는 것이다. 사연을 알고 보니 집에서 어머니와 함께 지내지 않는 어린이었다. 샌드위치를 포장해서 집에 가져가고 싶다고 한다. 샌드위치가 너무 맛있어서 언제 돌아올지 모르는 엄마가 돌아오면 드리고 싶다는 것이다. 그 아이에게 샌드위치 하나를 더 만들어 주었다. 한 개는 친구들이랑 맛있게 먹도록 하고 한 개는 포장해서 집에 가져가도록 하였다.

몇 년 동안 요리 교실 진행을 많이 하였다. 생활이 바쁘다고 봉사활동도 못하는데 회사를 통해 나눔의 기회가 많아서 늘 고마운 마음이다. 회사의 이름을 걸고 명품제품, 좋은 재료로 훌륭한 요리를 하겠노라고 순간순간 정성을 다했고 보람도 많았다. 요리교실은 직장 생활을 하면서 잊을 수 없는 일 중에 한가지로 남을 것이다.

며칠 전 서점에 책을 사러 갔는데 여자아이 두 명이 "선생님 안녕하세요."라며 인사를 한다. "응 안녕"이라며 답례를 한 후 "사실 어디서 보았는지 잘 모르겠다."라고 고백을 하였는데 "○○유치원에서 요리했던 ○○○선생님"이라고 하는 것이다. "몰라서 미안하다. 반갑다. 고맙다."라며 돌아오는데 뿌듯한 마음이 내 몸 전체를 감싸고 돌아 요리교실을 생각하면서 한 시간을 걸어서 집으로 왔다.

카레가 좋다는 것은 다양한 매체를 통해 많이 알려졌다. 요리교실을 하면서 제품홍보와 좋은 제품으로 나눔을 실천하며 회사의 이미지 홍보를 한다는 마음으로 늘 행복하였다. 바쁜 시간을 쪼개어 요리교실을 하면서 사람들을 통해 많은 배움을 얻게 되었다.

요리교실을 처음 할 때는 간편한 것이 좋다는 짧은 생각에 일회용 도구를 사용하였다. 지속해서 하다 보니 지난 시간을 돌아보게 되어 좋은 제품과 신선한 재료로 명품요리를 만들겠다는 생각이 문득 스친다. 요리를 진행하는 나부터 마음가짐을 바꾸고 전자레인지를 이용해도 문제가 없는 도자기 그릇으로 교체하였고, 국자나 주걱은 대나무 제품으로 바꿨다.

요리를 진행하는 시간만큼은 나도 요리사이다. 상의는 하얀색 옷과 앞치마를 착용하여 요리에 임했고 참가하는 어린이들에게도 앞치마 머릿수건을 착용하게 해서 요리 시간만큼은 꼬마 요리사라는 이름을 명명하였다. 요리를 시작하기 전에 요리 활동시간의 규칙, 예절, 요리 후 시식예절 등을 알려주기도 하였다. 요리를 마치고 돌아오는 길은 뿌듯함과 아쉬움이 교차하는 시간이다.

헤어지는게 아쉬웠는지 돌아오는데 유리창에 기대어 보이지 않을 때까지 손을 계속 흔들고 있는 어린이들과 어르신들이 지금도 가슴에 짠함으로 남는다. 그 어린이들과 어르신들을 통해 함께 배우면서 나누었던 시간은 그 무엇으로도 바꿀 수 없는 소중한 시간이었다. 요리로 함께 나누었던 시간을 추억하라고 작은 선물을 받아오기도 하였다. 선물을 풀어보니 색종이에 적은 편지, 화분, 감사의 글 등 고마운 마음이 가득 담겨 있었다.

지금도 사무실에는 빨간색 하야신스꽃이 활짝 핀 화분 두 개가 책상 위에 놓여 있다. 그 화분은 비가 억수로 내리는 날 저녁에 복지관 직원들이 고마운 마음의 선물이라며 준비한 화분이다. 그날을 기억하며 꽃을 가꾸다 보니 화분에는 네 송이의 꽃이 활짝 피어 카레 향만큼이나 달콤한 향기로움으로 내 마음에 젖어 든다. (2012)

# 가을 저녁, 남편과 나누는 맛있는 시간

퇴근길 가을바람이 쌀쌀하다. 오늘 저녁준비는 무슨 요리를 할까 생각하다가 갈치요리를 하기로 했다. 남편이 바다가 인접한 마을에서 태어나서인지 바다 생물 갈치, 자리, 한치, 성게, 소라, 문어, 전복 등을 좋아한다. 저녁 메뉴는 갈칫국, 갈치조림, 멸치볶음, 감자볶음, 파김치, 배추김치, 총각무 김치, 양상추와 파프리카 샐러드로 식단을 꾸며보려 한다.

갈칫국은 냄비에 물을 넣고 끓기 시작하면 은갈치를 몇 토막 넣은 후 푹 끓이면 국물이 사골국물처럼 뽀얗게 된다. 그런 후 노랗게 잘 익은 호박을 넣고 다시 푹 끓이면 갈치와 호박이 어우러진 맛에 청양고추를 곁들이고 간을 하면 시원하면서도 속이 확 트이는 맛이 된다.

시대가 아무리 변하고 삶의 방식들이 많이 달라졌지만 나는 아직도 집에서 요리를 즐기는 편이다. 매일 바쁜 일상을 핑계 삼아 저녁을 함께하지 못할 때가 많다. 어쩔 수 없이 혼 밥의 주인공이 될 수밖에 없었던 남편의 마음도 헤아려 본다. 그래서인지 만드는 음식마다 맛있게 만들어 드리고 싶은 마음에 정성이 더해진다. 나는 음식을 남기는 것을 싫어하는 터라 한 끼 식사할 정도 소량으로 만든다. 식사를 마치고 접시에 남은 음식을 버리는 것은 복을 버리는 것 같은 마음이 들기도 한다. 식사하고 나면 식탁은 빈 그릇만 덩그러니 남아 있어 요리사의 마음은 언제나 뿌듯하다.

미안한 마음이 커서일까. 오늘은 유독 요리하는 시간이 즐겁다. 남편을 위해 맛있는 요리를 만든다고 생각은 했지만 돌아보면 모든 것은 나를 위한 요리임을 알았다. 음식을 정성으로 준비하다 보면 그 마음이 기도가 되고, 그 음식을 먹는 사람들은 건강해질 것 같은 마음이다. 내가 만든 음식을 먹는 사람들은 모두가 가을 햇살처럼 건강하고 가을 곡식처럼 튼실하였으면 한다.

요즘 가을이라 그런지 혼자서 곱게 물들어가는 가을 단풍잎을 보는 일이 버릇처럼 생겼고 단풍잎을 보면서 자신을 되돌아 보는 시간을 갖게 된다. 쌓여있는 낙엽을 보고 있으면 마음에 미소가 번진다. 활력소가 생기고 잔잔한 기쁨이 흘러, 그로 인해 마음이 치유되기도 하면서 잔잔한 즐거움도 출렁인다. 곱게 물든 나뭇잎을 보고 있노라면 내 삶을 보는 듯하고 젊음을 잘 지나온 사람을 만나는 것 같기도 하다. 나의 가을도 곱게 물든 단풍잎처럼 누군가의 얼굴에 미소를 번지게 하는 삶이었으면 하는 바람도 가져본다.

낙엽도 저마다의 모습이 다양하다. 하지만 낙엽 하나하나에 애정이 간다. 희로애락을 지나온 인생을 보는 듯하여 대견스럽기까지 하다. 가을을 누가 '낭만의 계절'이라 했던가.

가을을 예찬하는 시詩를 적고 싶어진다.

햇살 부서지는
가을 산을 보면
내 인생의 가을을 느낀다

누가 채색을 하지 않아도
곱게 물들어가는 가을 단풍을 보면
내 삶의 깊이를 느낀다

곱게 물든 가을 단풍잎이
아낌없이 나눠주는 것을 보면
나눌 수 있는 모든 것을
나누어야 한다는 마음이 솟구친다

단풍의 물듦은
세월을
잘 견뎌낸 모습이겠지

단풍의 물듦은
익어가고
깊어감이겠지

가을은 나의 마음을 고요하게 해준다. 가을은 나의 마음을 깊어 가게 해준다. 이 가을이 사랑스럽다. 마음을 행복하게 해주는 밀감 향기로 가을이 깊어 감을 느끼며 레몬차의 향기를 맡으며 하루를 마감한다. (2018)

# 호떡을 만들며

보슬비 내리는 일요일 낮 조용하기만 하다. 아이들은 주말 아르바이트를 나갔다. 모처럼 일요일에 집에 있게 되어 그동안 밀린 집안일들을 들락거리면서 마무리를 했다.

며칠 전 호떡 믹스 두 개를 샀다. 온 가족이 다 모일 때 사용설명서도 알려주고 함께 만들려고 했는데 일요일에 모두 함께한다는 것은 쉬운 일이 아닌 듯싶다. 빵을 좋아하는 남편은 믹스를 사오는 날부터 호떡을 만들자며 성화였는데 딸이 있을 때 하자며 미루었다.

이른 아침에 시댁에 일이 있어서 다녀왔는데 집에 도착하자마자 오늘은 호떡을 맛보고 싶다는 것이다. "알았어요. 지금 반죽하면 삼십 분 후면 만들 수 있으니까 조금만 기다리세요."라면서 물을 끓여 미지근한 물과 계량컵을 이용하여 정확한 물의 양을 조절했다. 타원형의 하얀색 볼을 꺼내고 요리사가 된 것 같은 마음으로 정량의 물에 이스트를 풀어 잘 저은 후 믹스를 넣고 반죽을 했다. 이

스트를 미지근한 물에 사용하는 것은 물이 뜨거우면 이스트균이 사멸되어 부풀어 오르지 않기 때문이다.

반죽을 만들고 담은 그릇을 비닐 팩으로 입구를 봉했다. 빠른 숙성을 위해서이다. 남편을 부르며 "여보 지금 몇 시야"라고 하며 시간을 인지시켰다. 혼자서도 충분한 일이지만 남편을 부르는 것은 짧은 시간이지만 서로의 정을 나누고 싶어서이다. 기다리는 삼십분은 나에게 소중하기에 노트북으로 시간을 보냈다. OK30분!

"여보 30분 됐어요. 도와주세요."라고 하면서 프라이팬이랑 포도씨유, 호떡 누르개를 미리 준비했다. 남편이 "내가 할 일은 뭔데"라고 하면서 주방으로 들어서자 기다렸다는 듯이 미리 준비해 놓은 요리도구를 내밀었다. 나는 잼믹스를 잘라서 타파의 원형 그릇에 부은 후 티스푼보다 약간 큰 숟가락을 꺼내어 잼믹스 그릇 위에 올려놓았다. 작은 접시에 포도씨유를 부은 후 비닐장갑을 끼고 장갑에 기름을 발랐다. 비닐장갑을 끼고 바로 반죽을 만지면 반죽의 일부가 장갑에 묻혀 만들기가 곤란하고 재료의 낭비가 되는데 기름을 바르면 만늘기도 편리하고 낭비도 막게 된다.

"와! 반죽이 잘됐어요. 너무 예뻐서 손으로 만지기가 아깝네요." 라고 했더니 남편은 "반죽이 아까워도 가루 반죽"이라며 퉁명스러운 목소리로 전해 온다. "그렇죠. 반죽이죠. 만들게요."라고 하며 잘 숙성된 재료를 골프공보다 조금 큰 공을 만들고 그 속에는 잼믹스를 넣고 다시 예쁘게 공을 만들었다.

남편은 가스레인지 앞에서 벌써 프라이팬을 달구고는 불을 줄이고 기다리고 있었다. "여보 이렇게 하면 예뻐요. 달궈진 팬에 동그란 호떡을 넣고 바로 누르면 누르개에 붙어서 호떡 고유의 아름다움을 유지할 수 없어요. 바닥으로 넣은 부분을 뒤집고 기름이 닿은 부분에 눌러야 호떡 모양을 그대로 유지할 수 있어서 보기에도 좋고 먹기도 좋다."라는 설명을 덧붙였다.

노릇노릇 동그란 맛 와 맛있겠다. 호떡이 노르스름하게 익어가듯 우리의 정도 익어갔다. 남편을 바라보면서 퀴즈 낼게요. "호떡 장사 아주머니가 가장 좋아하는 것은 무엇일까요."라고 하는 동시에 내가 먼저 "저요"라고 대답했다. 그러면서 답은 "찹쌀호떡믹스"라고 했더니 남편이 웃는다. 프라이팬 속에는 동글동글 노릇노릇 잘도 익어간다. 남편도 제 모양을 갖춘 호떡이 자신의 손에 의해 완성되어 가자 신이 난 모양이다. 남편이 "노릇노릇 맛있겠는걸" 이 말이 끝나자마자 노릇하게 보여서 식감이 생기는 것은 "몸에 좋은 강황이 들어있어서 노랗다."라는 설명도 해주었다.

호떡을 마무리하고 거실로 옮겼다. 호떡을 자르고 맛있겠다며 한입을 나에게 넣어주고 자신의 입에 넣어서 맛있게 먹는 모습이 고맙기만 하다. 추적추적 비가 내리는 일요일 낮 호떡을 만들면서 부부간의 큰 정을 나누는 시간을 오랜만에 가져 보았다. 당신이 도와줘서 호떡이 더 맛있다며 남편의 등을 다독거렸다. (2017)

# 고송高松

일요일 낮이다. 밖에는 소리없는 비가 내린다. 주말이면 휴식을 위해 그림을 그리곤 한다. 요즘 들어 소나무를 자주 그리게 되는데 오늘은 아름드리소나무를 그렸다. 그림을 완성했는데 다른 때와 달리 여운이 남아서 그림 앞에 서서 한참을 보았다. 무엇이 나를 이렇게 당기는 것인가.

고송에서 시어머니를 보았다. 아름드리소나무가 사계절의 변화를 아랑곳하지 않고 나뭇가지를 드리워 그늘을 만들어 준다. 누구든지 힘들면 쉬어가라고 나뭇가지를 흔들어 바람을 불러주는 고송. 화폭에 담긴 고송을 어머니를 대하듯 고송 앞에서 겸손해진다. 어머니를 만지듯 어루만졌다.

백수白壽인데도 어머니는 많은 어려움이 있음에도 불구하고 꿋꿋하게 자리를 지키는 고송처럼 지내신다. 아직도 몸이 불편하면 혼자서 인근 병원에 다녀오시고 신체 활동에 도움을 드릴려고 해도 스스로 충분하다며 손사래를 친다. 항상 그 자리에서 자식들의 그늘이 되어주시는 어머니. 어머니 눈빛은 어린아이처럼 빛이 난다.

요즘에는 어린아이처럼 해맑은 어머니의 모습을 자주 생각을 하게 된다. 내 삶에 마지막으로 정성을 다하여 최선을 다하고 싶은 일이 있다면 시어머니를 편안하게 모시는 일이다. 최근 들어 어머니를 모시기 위한 준비를 하나씩 하고 있는데 그중에 요양보호에 대해 공부를 하고 있다. 공부를 하다 보니 노인을 이해하고, 노인의 질병을 이해하고, 노인의 식사, 노인의 심리를 조금은 더 이해될 것 같아서 공부를 잘하고 있는구나 하는 생각이다.

어머니가 백수인데도 건강하게 지내는 것에 대해 궁금했는데 요양 보호 공부를 하면서 책을 통해 알게 되었다. 건강하게 지내는 것은 다양한 방법이 많겠지만 식생활이 중요하고 잔존능력을 최대한 사용할 수 있도록 하는 것이 중요하다. 무엇보다도 긍정적인 마음으로 세상을 바라보는 마음이 중요하다는 것도 공부하는 동안에 다시 한번 알게 되었다.

어머니를 모시는 또 다른 이유는 남편이 효도할 수 있는 환경을 만들어 주고 싶어서이다. 효자인 남편이 효도하고 싶지만 세 번째 며느리인 내가 모시고 싶지 않다면 남편의 마음이 너무 슬플 것 같은 마음이다. 어머니도 평생을 고송처럼 살았는데 남을 위한 그늘만 되어줄 것이 아니라 며느리를 얻은 보람도 느끼게 하고 싶은 것이 나의 마음이다.

요즘은 가끔 어머니를 모셔오려면 어떻게 방안을 꾸며야 할지 생각을 하노라면 마음이 설렌다. 나이가 들면 어린아이가 된다는데 어머니 방도 어린아이가 좋아하는 방안으로 꾸며 볼까. 가끔은 제주어로 시詩낭송도 들려드리면 좋겠다. 어머니는 며느리와 이야기하는 걸 좋아하기 때문에 어머니 이야기를 많이 들어주는 것이 좋겠다는 생각도 가져 본다. 뇌 건강에 좋으면서 가볍게 할 수 있는 운동도 하고, 노인성 질환으로 눈이 안 좋은데 눈 건강에 좋은 운동도 함께 하면 좋겠다는 생각이다. 음식을 섭취할 때 조심해야 하는 부분도 공부하면서 알게 되어 내가 지금까지 다양한 배움 중에 최고의 공부인 것 같다. 어머니의 모습이 미래의 나의 모습이기에 정성을 다하여 모실 것이다. (2020)

# 감자 이야기

어제는 퇴근하면서 주말에 필요한 야채를 듬뿍 사 왔다. 그 속에는 감자 다섯 개도 있었다. 감자는 우리 가정의 필수식품 중의 하나다. 그러다 보니 감자에 대한 사연도 많다.

오늘 아침은 특강을 신청한 수업이 있는 날이라 새벽에 일어나서 아침 준비를 하였다. 종일 집을 비우게 되어 아침이라도 차려 드리고 싶어 남편에게 식사를 권유했지만 알아서 챙긴다고 한다. 외출준비를 하노라니 부엌 쪽에서 무언가 울림소리가 들린다. 그쪽으로 귀를 향했더니 남편이 감자 씻는 소리다. 말은 없었지만, 남편은 아마도 어제 구매한 다섯 개의 감자를 반으로 자르고 냄비에서 삶을 모양이다.

우리 가족은 다양한 감자요리를 즐기는데 남편은 삶은 감자를 좋아한다. 감자만 보이면 대부분 반으로 자르고 익혀 버린다. 필요한 만큼만 쪄도 좋으련만 냄비가득 삶는 습관이 있다. 자주 사용하는 냄비도 여러 개 있는데 유독 싱크대 속에 넣어둔 냄비를 꺼내어 꼭 그것을 사용한다. 왜 그럴까 궁금했는데 그 냄비에 삶은 감자 맛은 감자 맛 중에 최상의 맛이라는 걸 얼마 전에 알았다.

어린 시절 추억 속에 감자는 지울 수가 없다. 먹을거리가 많지 않던 시절에 많이 즐겨 먹었던 음식 중의 하나가 감자요리다. 저녁 준비를 위해 언니 오빠를 따라 밭에 가서 감자 캐는 일이 많았다. 언니와 오빠들이 흙을 파면 덩이줄기에서 대롱대롱 달린 크기와 모양이 다양한 감자들을 보면 그 순간 약속하지 않아도 탄성이 절로 난다. 캄캄한 흙 속에서 자라면서도 흙이 많이 묻지 않고 감자 고유의 모습으로 태어난다는 것이 어린아이의 눈으로는 신기하기도 하였다.

밭에서 캐온 감자로 저녁을 준비하면서 많이도 웃었다. 하얀 감자보다도 더 해맑게 웃었던 어린 시절 모습이 이어져 지금도 늘 웃는 표정이 되었다 한다. 감자를 씻는 시간에도 가족애의 따뜻함, 질서, 즐거움, 기쁨, 나눔, 이해가 있다. 일터에서 늦게 돌아오시는 부모님을 기다리는 동안 배고픔도 있었지만 맛있는 감자요리를 먹을 생각에 기다림과 인내를 배웠다. 어스름한 저녁이 되었는데도 부모님은 오시지 않고 배는 고프고 졸음이 밀려온다. 부모님을 기다렸다가 함께 식사하는 것이 당연한 일이었기에 어떤 날은 수저를 손에 들고 밥상 앞에서 꾸벅거리던 기억도 있다. 하지만 아무도 탓하지 않았고 끝까지 밥상에서 감자밥을 먹었던 기억이 아련하다. 어린 시절 언니와 오빠들이랑 감자밭에 나가 감자를 캐면서 나누던 이야기가 그림처럼 다가온다. 천진난만하게 깔깔거리며 웃던 웃음 소리가 지금도 귓가에 맴돈다. 가족들과 보내온 그 시간은 따뜻한 추억이고 삶의 밑거름이다. 하얗게 핀 감자꽃을 꺾어다 방에 놓고서 향기를 느끼고 싶은 마음이 간절한 일요일이다. (2014)

작품해설

# 촛불 그리기, 인생 사랑하기

## -이금미의 수필 세계

허상문(문학평론가, 영남대 명예교수)

# 촛불 그리기, 인생 사랑하기
## -이금미의 수필 세계

허상문(문학평론가, 영남대 명예교수)

## 1. 들어가며

한 작가의 삶의 모습을 이해하는데 수필보다 훌륭한 문학 장르는 없을 것이다. 중요한 서사문학 장르 가운데 하나인 수필은 작가가 바라본 인간과 삶의 모습에 대한 진솔한 표현을 그 이상으로 삼고 있기 때문이다. 다시 말해 수필은 진정한 자아가 생성되고 욕망 되는 장소인 개인의 내면을 효과적으로 그려낼 수 있다는 점에서 작가의 세상과 삶에 대한 인식과 태도를 가장 잘 보여주는 장르이다. 이런 의미에서 우리는 수필을 통하여 있는 그대로의 작가의 삶에 대한 투명한 마음과 태도를 특권적으로 읽을 수 있게 된다.

수필가 이금미가 17년여 동안의 창작 활동을 결산하는 수필집『촛불을 그리다』를 펴낸다. 그의 수필을 두루 읽으면, 이금미는 그야말로 '삶 자체를 수필처럼' 살기를 바라고, 그의 수필 속에는 진정한 삶의 모습이 담겨있다는 것을 느끼게 된다. 수필집의 제목을 『촛불을 그리다』로 한 것은 "평소 내 삶에 관계되는 사람, 사물, 자연, 환경 등 주위의 모든 것에 감사하면서 그 마음을 촛불로 담아내고자 하는 뜻"(〈머리말〉) 이라고 말한다. 그동안 자신의 삶에서 사유하고 체험했던 시간의 흔적을 책으로 발간하는 감회가 어찌 예사로울까. 그야말로 모든 작가가 그렇듯이 뒤늦게 새로운 자식 하나를 잉태하는 마음이 아닐까 싶다. 자신의 삶을 성실하고 진지하게 살아온 사람이 좋은 수필을 쓸 수 있다는 말은 수필가 이금미에게 잘 어울리는 것이라고 하지 않을 수 없다.

철학자 F. 헤겔은 인간적인 성숙과 자기실현에 필수적인 자질은 자기를 넘어선 또 다른 세상을 수용할 수 있는 인간적 성실성을 획득하는 것이라고 강조한 바 있다. 마찬가지로 문학의 힘은 이 세상과 삶에 대해 깊고 넓은 사유와 진정성을 보임으로써 새로운 세상과 자아를 대면하게 된다. 진정한 문학적 사유의 본질에는 어떠한 인공적 조작물로 대체할 수 없는 세계와 삶의 근원적인 아름다움과 풍요로움에 대한 인식이 내재해 있는 것이다. 작가는 바로 세상의 근원적인 아름다움에 예민하게 반응하면서 그 진실한 모습을 보여주기 위해 헌신하는 사람들이다. 이금미의 수필 세계도 여기서 크게 벗어나 있지 않다.

이금미의 수필세계는 보편적인 인간 실존과 삶의 모습을 성실하고 진지하게 보여주고 있다. 그의 수필은 현란하고 정교하게 가공된 아름다움보다 삶에 대한 작가의 성실성과 진정성을 여실히 드러내고 있다. 말하자면 그의 수필을 통하여 우리는 인간과 세상에 대한 요란한 수사와 교훈적 내용보다는 삶에 대한 성실하고 진지한 작가의 마음을 읽을 수 있게 된다. 오늘날과 같이 온갖 소음과 번잡이 지배하는 현대사회에서 때로 인간과 삶의 존재성은 침묵 속에서 더욱 강렬해질 수 있다는 사실을 이금미의 수필 세계는 실증적으로 보여준다. 그의 수필은 텅 빈 듯하면서도 꽉 차 있다. 텅 빈 공간 속에 자신의 모든 것을 꽉 채우고 있다. 그것은 오히려 완전하게 현존하며 자신의 문학 공간을 풍요롭게 만든다.

이는 바로 작가가 대면하는 삶과 세상을 인간적 성실성과 진정성으로 바라보기 때문일 것이다. 자신이 바라보는 세상과 인생, 즉 이는 흡사 이금미의 수필에서 허다하게 나타나는 어머니와 꽃과 봄과 같은 자연의 만물들에 대해 보내는 긍정적 마음처럼 그의 문학을 살아 있게 만든다. 그럼으로써 그는 우리에게 이 세상과 삶의 진실이 무엇인가를 깨닫게 해준다.

## 2. 긍정적 생의 인식

작가의 글쓰기는 언제나 변화와 새로움을 추구한다. 작품의 진정성을 얻기 위해 작가는 세상의 소리에 귀를 기울인다. 그럼으로써 자신에게 새로운 목소리를 들려주는 타자를 발견한다. 작가의 자아는 자신과 마주하고 있는 타자와 끊임없이 대면한다. 이 세상에서 우리와 대면하고 있는 타자는 일상에 간섭하고 그의 정신을 지배하는 기제로 작용한다. 이런 과정에서 작가는 세상과 삶에 대하여 긍정적이고 호의적인 태도를 가지기도 하고, 부정적 인식을 하기도 한다. 이금미는 그의 삶에 대하여 언제나 긍정적 인식을 이루고자 노력하는 작가이다.

1) 시어머니의 며느리가 된 것이 기쁘고, 며느리가 나의 며느리가 된 것 또한 기쁨이다. 이 모든 것이 소중한 인연이고 행복이다. 시어머니의 얼굴에 늘 미소가 번지고 며느리의 얼굴에도 늘 미소가 번지는 삶이 되었으면 하는 간절한 소망이다. 삼대三代의 미소가 모아져서 우주의 불빛이 되고 세상을 밝히는 등불이 되리라는 믿음이다.

–〈삼대三代의 미소〉에서

2) 복을 받는다는 것은 먼저 상대방을 생각하고 배려하는 마음이란 생각이다. 배려하는 것은 쉬운 일인 것 같지만 어려운 일이다. 자기중심적인 풍조가 팽배한 요즘은 더 그렇다. 쓰레기를 함부로 버린 그 사람은 마구 버린 쓰레기 봉지 속에 받았던 복도 쓰레기와 함께 고스란히 버려지지 않았나 하는 생각이다.

– 〈복을 받는 것은, 복을 짓는 일〉에서

3) '사랑합니다'라는 이 말은 여느 때보다도 요즘 자주 하게 되고 많이 듣는다. 직장이나 집안에서도 사랑한다는 말을 자주 한다. 사랑한다는 것은 쉬운 말이 아니란 생각이 든다. 어떤 대상을 진정으로 좋아하고 존경하다 보면 사랑한다는 말은 저절로 나오게 되는 것은 아닐까. 어떤 일이든지 내가 선택한 일은 사랑한다는 마음이 들 정도로 몰입하고 열정을 쏟는다. 그 속에서 희열을 느끼고 행복을 찾는다.

– 〈아이들의 정성〉에서

위 작품들에서 잘 드러나듯이 작가의 삶에 대한 태도는 긍정적 사고에 기초해 있다. 〈삼대三代의 미소〉에서 “시어머니의 며느리가 된 것이 기쁘고, 며느리가 나의 며느리가 된 것 또한 기쁨이다. 이 모든 것이 소중한 인연이고 행복” (〈복을 받는 것은, 복을 짓는 일〉) 이어서 우리가 “복을 받는 것은, 복을 짓는 일”이라고 여긴다. 또한 작가는 〈아이들의 정성〉에서 보듯이, 직장이나 집안에서도 ‘사랑합니다.’라는 말을 자주 함으로써 희열과 행복을 찾는다. 누군가를 진심으로 사랑한다는 것은 쉬운 말이 아니다. 작가의 삶에 대한 태도는 기본적으로 “사소한 일도 남을 배려하는 마음을 잊지 않고 상대방의 관점에서 헤아리고 어루만지는 복을 짓는 하루가 되겠노라 생각”(〈복을 받는 것은, 복을 짓는 일〉) 하는 마음에서 출발한다.

작가의 생에 대한 긍정적 마음은 어머니에 대한 마음에서 충분히 확인된다. 누구에게나 어머니는 삶을 가능케 하는 모태이면서 동시에 긍정적 삶을 가능케 하는 근원이다. 작가는 우리들 삶의 근원이며 생명의 근원인 어머니에 대한 끊임없는 그리움의 정서를 그려낸다. “인생의 시작은 어머니의 자궁 속에서부터 시작된다는 큰 깨달음을 얻었다. 태내기 모습을 보면서 어머니의 마음 상태를 느낄 수 있었고 어머니에 대한 감사하는 마음이 솟구침을 알았다. 지금은 어머니를 어머니라 부르고 싶어도 대답할  수 없는 먼 곳으로 가셨지만, 어머니와 교감을 하면서 나누었던 많은 느낌은 아직도 생생하다” (〈촛불을 그리다〉). 어머니는 새로운 생명을 탄생시킨다는 점에서 모든 사물의 시원을 상징하는 의미이기도 하고, 자녀들을 위해 자신이 아무리 힘들고 아파도 언제나 헌신하고 자애를 베푸는 인자함을 상징한다. 어머니에 대한 사랑의 마음은 작가가 가장 중요하게 여기는 삶의 덕목으로 보인다.

이금미의 긍정적 삶의 태도는 사람에 대해서 뿐만 아니라 자연을 사랑하는 마음에서도 잘 드러난다. 그는 만나는 꽃과 계절의 풍경과 바람까지 초대하여, 그들과 교감하면서 소통하고자 한다. 이금미에게 자연의 만물은 어머니와 같이 존재의 자궁이며, 자연과 교통함으로써 좌절의 현실을 벗어나 구원을 얻게 된다. 말하자면 작품에서 삶에 대한 긍정적 마음은 자연에 대한 사랑으로 확인된다.

1) 화분을 음지에서 양지로 옮겨 보았다. 따뜻한 햇볕이 들어오고 통풍이 잘되는 창가이다. 그런데 며칠이 지나자 시들어가던 줄기에 물이 오르고 떨어진 잎자국에 새로운 잎이 돋아나서 자라는 것이 아닌가. 신통했다. 죽은 줄 알았던 자식이 살아서 돌아온 기분이 이럴까 싶다. 외근을 마치고 사무실로 돌아오면 소진해진 에너지를 이 꽃에서 충전이 되었다. 나를 보고 웃어주는 착각마저 느꼈다.

– 〈의사화疑似花〉에서

2) 피어 있는 꽃을 유독 좋아하지만 그중에 연꽃을 무척 좋아한다. 꽃의 꽃말은 '당신이 아름다운 것처럼 마음도 아름답다'이다. 연꽃은 불가에서는 속세에 살아가면서도 더러움에 물들지 않고 '고결한 성스러움'을 상징하는 꽃이라고 들었다. 어쩌면 지금 나의 모습도 속세의 밑바닥에 한 알이 씨앗으로 떨어져 연못 깊은 곳 진흙 속에 묻혀 있지만, 그 속의 환경을 탓하지 않고 언젠가 피워낼 한 송이 꽃을 생각하려 한다. 홍련이든 백련이든, 나의 삶을 사랑하는 사람들에게 보여주고 싶다.

– 〈연꽃〉에서

위의 작품 〈의사화疑似花〉와 〈연꽃〉은 물론 〈스티로폼을 재활용하다〉, 〈작은 우주〉, 〈화초의 수난〉 등의 많은 작품에서 작가의 자연에 대한 관심은 인간과 자연의 동일체를 위한 염원으로 나타난다. 이는 곧 타자와의 교통을 통하여 그 고통과 슬픔을 이해하고자 하는 깊은 연민의 표현이기도 하다. 엄밀한 의미에서 문학은 이 세상에 존재하는 모든 것들에 대한 공감과 연민을 표현하는 것이라 할 수 있다. 다시 말해 문학은 바로 내 안에서 타자를 키우고 나의 기쁨과 슬픔을 타자와 공유하고자 하는 공간이다. 특히 수필은 나의 삶을 타자의 삶과 동행시키고자 한다. 그리하여 우리는 나의 삶과 타자의 삶에 동참한다. 또한 수필 속에서 나와 타자의 사고와 감정을 공유하면서 인간과 세상에 대한 또 다른 구원과 초월의 가능성이 열리는 것을 경험하게 된다. 이금미 수필이 놓인 자리가 아름다운 점은 여기에 있다. 작가는 말하지 못하는 식물의 아픔에 대해서도 한없는 연민을 보낸다. 그러면서 그들의 고통과 공감한다.

말을 하지 못하는 어린애를 데려다 놓고 마음을 헤아리지 못하여 아프게 만든 것 같아 마음이 편치 못하다. 나머지 한 촉도 건강을 잃으면 어떡하지. 불안한 마음에 난분의 위치를  바꿨다. 식물과 식물 사이 숲속 같은 공간, 통풍이 잘되는 양지바른 창가로 옮겼다. 남은 한 촉은 나의 마음을 자꾸 식물의 무리 속으로 끌어들였고 시간만 되면 대화를 했다. 눈을 맞추면서 주인을 잘못 만나서 힘들게 하는 것 같아 미안했다. 차를 마실 때도 찻잔을 들고 그곳에서 마셨다. 모두가 퇴근하고 텅 빈 사무실 저녁, 시詩 낭송을 하고 싶을 때도 식물이 모인 옆에서 나직이 낭송을 하면 식물들이 박수와 웃음소리가 들렸다.

– 〈춘란의 친구〉에서

위 작품에서 잘 보여주고 있듯이, 작가가 바라보는 자연의 모습은 단순한 객관적 상관물이 아니다. 이금미는 자연을 통하여 내면의 자아를 확인하고 그 정체성을 밝히며, 이를 자신의 글쓰기 서사 방식으로 취한다. 자연을 비롯한 세상의 만물을 통하여 존재의 비밀을 탐구하고 삶의 모습을 드러내고자 하는 것이다. 그런 점에서 이금미 수필에서 나타나는 자연 묘사는 작가의 내면과 교감하고 소통하는 상징적 교호작용으로 기능한다고 할 수 있다. 이 작용은 작가의 무의식의 심층으로부터 돌연하게 솟아오르기도 하고, 어둠의 심연에서 주문처럼 나직이 울려 퍼지기도 한다.

이금미 수필에서 세상과 타자의 목소리는 인간과 자연 사이를 자유롭게 넘나들며 현실과 환상의 경계를 무너뜨린다. 또한 빛과 어둠, 희망과 절망 사이를 넘나들면서 작가는 삶의 고통과 아픔을 극복하고 행복과 희망을 추구한다. 작가의 내면적 · 외면적 삶의 환경과 경험은 언제나 우호적이고 긍정적이다. 그러한 경험들은 결국 하나의 스펙트럼으로 조화되고 결합된다. 이금미 작품에서는 인간과 그들이 만든 삶은 자연 속에서 함께 용해된다. 이러한 과정에서 이금미의 수필에서 작가의 내면과 세상의 타자는 공명하여 더욱 새로워진다.

## 3. 타자와의 공존, 거듭나는 인생

작가는 이 세상으로부터 실종되거나 도피 되는 타자라는 이름의 또 다른 자아와 대면하게 된다. 때로 세상과의 대립이나 갈등 속에서 자아는 타자와의 통합이나 조화가 불가능하다는 것을 알게 된다. 자아와 타자가 대립하고 갈등하는 상황에서는 더 온전한 자아가 존재하기 힘들다. 이 세상과 갈등하는 자아는 떠도는 존재가 될 수밖에 없다. 그리하여 오늘날 많은 문학 작품에서도 타자와의 갈등에 대면하면서 잃어버린 자아를 찾아가는 여정을 쉽게 볼 수 있다.

이금미의 작품에서도 우리가 가장 눈여겨 볼 수 있는 것은 자아와 타자가 맺는 관계에 대한 작가의 고뇌이다. 그러나 이금미 작품은 언제나  타자와 이웃의 삶을 보살피고 공존하고자 하는 태도를 보인다. 예컨대 그의 작품 〈손으로 빚은 꽃〉을 살펴보자. 이 작품은 비행기에서 바라보이는 세상의 풍경을 통하여 세상과 존재의 의미를 새롭게 사유한다.

> 비행기 안에서 보이는 이 광경들은 아마도 천상의 나라의 모습인가 싶다. 파란 하늘, 하얀 구름, 따사로운 햇볕 사이로 화려한 꽃들이 톡톡 피어나는 모습을 보는 착각을 일으켰다. 제주에 전시하고 있는 꽃들이 바로 저 모양인 듯하다.
>
> 천상에서의 하늘, 구름, 고요함에 어울릴 것 같은 꽃이 바로 지상에서의 손으로 빚은 지화이다. 언뜻언뜻 보이는 구름 사이로 화려한 꽃들이 보이는 듯하다. 그 속에서 어린아이 웃음소리, 노인의 평온한 미소, 어머니

의 따뜻한 얼굴, 듬직한 아버지의 모습, 꽃밭을 사이에 두고 어린이들이 뛰노는 모습을 상상하기도 한다. 나비와 벌들도 보이는 것만 같고 새들의 노랫소리도 아름답게 들려오는 것만 같다.

– 〈손으로 빚은 꽃〉에서

작가가 천상에서 바라보는 파란 하늘, 하얀 구름, 따사로운 햇볕을 통하여 인간에게 진실한 마음과 타자를 향한 그리움이 얼마나 소중한 것인가를 잘 인식하고 있다. 작가는 이 천상의 풍경 속에서 노인의 평온한 미소, 어머니의 따뜻한 얼굴, 듬직한 아버지의 모습, 꽃밭을 사이에 두고 어린이들이 뛰노는 모습을 상상한다. 이렇게 그의 작품에서 나타나는 인간을 사랑하는 마음은 꽃과 봄과 나비를 사랑하는 마음과 다르지 않다. 이런 작가의 마음으로 인해 "꽃이 주는 행복은 돈으로 살 수 없는 행복이다. 작품마다 꽃술, 꽃잎, 꽃받침, 줄기, 잎사귀들은 사람의 손으로 탄생하고 손으로 만지면 만질수록 종이꽃은 더 화려하게 변신하고 생명이 있는 것처럼 보인다"(〈손으로 빚은 꽃〉). 그리하여 그는 늘 긍정의 힘으로, 웃음 가득한 얼굴로, 따뜻한 가슴으로 살아가고자 하는 '꽃마음'을 간직하고자 한다.

1) 꽃을 구경하고 그림을 그린다는 건 그로 인하여 내 몸속에 좋은 에너지가 생성된 것이다. 활짝 피어있는 꽃을 보면 나도 모르게 미소가 번지고 그림으로 피우는 꽃을 보면 그 꽃으로 하여금 마음이 마구 설렌다. 꽃을 좋아하는 나는 그 묘미에 매력을 느끼는지도 모른다.

이 세상 사람들과 더불어 살면서 꽃은 꼭 필요하다. 축하의 자리에서는 꽃이 있어서 기쁨이 더 크게 나타나고 화해의 자리에서도 꽃이 있어서 더 부드러울 수가 있다.

– 〈봄꽃을 그리다〉에서

2) 밤하늘에는 별들이 빛나고 있다. 바람 한 점 없는 고요함 가운데 세 개의 풍등은 서로 다른 위치에서 올렸는데 한곳으로 모이면서 높이 올라간다. 고개를 쳐들어 보니 밤하늘에 빛나는 별과 같이 풍등도 빛나고 있었다. 두려움 없이 올라가는 풍등처럼 인간 세상에서 어떠한 일도 두려워하지 않고 내가 필요한 곳이라면 어디든지 달려가서 불 밝히는 일에 정성을 들일 것이다.

– 〈내 마음은 봄〉에서

〈봄꽃을 그리다〉에서 꽃을 사랑하는 마음, 〈내 마음은 봄〉에서 별을 향해 달려가고자 하는 마음은 모두 작가의 이 세상의 모든 타자와 공존하고자 하며 이것은 곧 자신의 삶을 새롭게 세우고자 하는 노력에 다름 아니다. 그리하여 작가에게 "꽃은 언어가 없어도 사람을 불러들이고, 노래가 없어도 사람들을 즐겁게 만들어 준다"(〈벚꽃이 가득한 봄에〉)고 느낀다. 그러한 생각은 더불어 사는 이웃과 조건 없는 향기를 나누며 그들을 얼마나 따뜻하게 맞이했느냐는 물음에 깊은 사유를 하게 만든다.

이금미의 수필에서는 인격적인 주체와 자연적인 주체가 거의 동질의 의미로 나타나고 있다. 물론 이것이 반드시 철학자 들뢰즈가 강조하는 바의 '주체의 의미'와 동질의 개념이라고 말할 수는 없지만, 이금미의 경우 분명한 것은 타자의 발견을 통해 '자아의 객관화'가 이루어지고 있다는 사실이다. 타자의 모습을 통하여 작가는 자아의 현현을 이루고 있다. 이런 사실은 작가의 인간과 자연에 대한 지극한 사랑의 표현으로 더욱 잘 나타나게 된다.

이금미의 수필에서 이루어지고 있는 이런 사랑의 의미 찾기가 우리들의 삶과 문학에서 흔히 볼 수 있는 단순한 미학적 자율성에 기대고자 하는 태도는 아니다. 이것은 오늘날 우리들의 삶과 문학에서, 더는 불가능한 것이 되어버린 삶의 본질에 대한 소중한 의미 찾기와 다르지 않다. 지금 이 세계는 삶과 인간에 대한 억압적인 지배 관계가 이루어지고 있으며, 그리하여 진정하게 인간적인 자아와 타자의 관계는 사라지고 없다. 이 과정에서 억압과 지배가 보편화된 자리는 사랑의 부재와 비인간화의 모습을 보인다. 이금미가 꿈꾸는 세상은 언제나 자아와 타자 사이의 사랑과 소중한 관계가 공존할 수 있는 공간이다.

## 4. 촛불을 그리는 마음

좋은 수필은 작가가 열어놓은 창작의 공간에 독자들을 개입시킴으로써 우리가 미처 체험하지 못한 불가능한 체험을 공유하게 된다. 이런 의미에서 작가의 본령은 세계가 유보한 것들을 다시금 꿈꾸게 하는 데 있다. 삶의 상징계에서 더 존재하지 않는 것이라고 규정된 것들, 그러나 규명 불가능한 것이라고 여겨졌던 것들에 대한 새로운 가능성들. 수필은 바로 삶과 인간에 대한 예외적이고 내밀한 모든 것을 밝혀내고자 하는 서사적 고백이다. 이는 흡사 누군가를 위한 '촛불 그리기'와 같은 것이다.

고마운 사람에 대한 촛불을 그리다 보면 그때의 기억을 떠올리게 되고 고마운 감정이 일어난다. 촛불을 그리는 동안은 오롯이 그 사람을 생각하면서 그리기 때문에 잡념이 들지 않는다. 촛불을 통해 그 사람을 위한 기도가 되는 것 같기도 하다. 지속해서 그리다 보니 지금까지 살아오면서 내가 받았던 고마움이 이루 말할 수 없이 많다는 것을 깨달았다. 그들이 조용히 나를 위해 도움을 주었기 때문에 오늘의 내가 있지 않았나 싶다.

– 〈촛불을 그리다〉에서

고마운 사람들을 위해 촛불을 그리다 보면 마음이 따뜻해지고 긍정의 에너지가 일어나게 되고, 그로 인해 마음은 모든 것을 수용하고자 하는 태도를 가지게 된다고 작가는 말한다. 이러할 때 작가에게 촛불 그리기는 자신의 '존재 그리기'이며 동시에 '인생 그리기'이다. 이금미의 수필 세계에서는 이 세상에서 실현될 수 없는 절망을 희망으로 만들고자 하는 노력으로 가득하다. 그래서 그의 수필만이 지닌 특유한 긍정과 사랑의 힘으로, 절망 속에서 희망을 일구어내는 데 성공한다.

이금미의 삶을 바라보는 긍정적이고 열린 마음은 이 고단하고 힘든 세상에서 밝고 따뜻한 사랑과 희망을 볼 수 있게 한다. 이런 의미에서 이금미의 수필은 새로운 삶과 세상을 위한 문학적 가능성으로 활짝 열려 있다. 수필집의 발간을 계기로 더욱 정진하여 우리 수필계를 빛낼 작가로 거듭나길 빈다.